《그림으로 보는 고생물 도감》의 세계에 온 것을 환영해요!

아주 먼 옛날부터 지구에는 수많은 생물이 살았어요. 그 중에는 우리가 짐작하기조차 어려운 생물도 있었어요. 이 생물들은 크기도, 모양도, 습성도 현재를 사는 우리의 상상을 훌쩍 뛰어넘었어요. 몸길이가 수 m에 이르는 곤충이나 10m를 넘는 뱀, 먹이사슬의 가장 꼭대기에 자리한 양서류, 가시투성이 생물이나 다리가 16개인 불가사리, 아주 긴 어금니를 가진 동물 등 독특하고 놀라운 생물들이 가득했지요.

이 책에서 여러분은 놀라운 생물들을 잔뜩 만날 거예요. 이 책에서는 지구의 역사를 시대별로 정리하고 그 시대를 상징하는 생물들을 소개했어요. 또, 각 장의 맨 앞에는 그 시기에 관한 특징을 정리했어요. 읽다 보면 이 책에 등장하는 생물들이 왜 저마다 다른 특징을 갖게 되었는지를 이해할 수 있을 거예요. 모든 생물은 자기가 살아가는 환경에 맞는 생

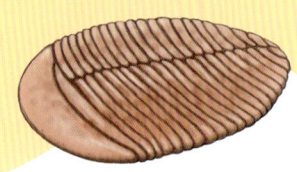

김새를 하고 있답니다. 아무런 이유도 없이 몸이 커지거나, 촉수가 길게 늘어나거나, 발가락 수가 줄어들지는 않아요.

하지만 과학자들은 현재 발견되는 고생물이 왜 그런 모습을 하게 되었는지 그 비밀을 아직 다 풀지 못하고 있어요. 아주 많은 부분들이 수수께끼로 남아 있지요. 이 책은 여러분에게 이런 고생물을 소개하며 미지의 세계를 엿볼 수 있는 기회를 선사해 줄 거예요. 신비로운 고생물의 세계를 탐험하며 호기심과 탐구심을 키워 보세요.

이 책의 감수는 일본 지질학회에서 맡아 주셨어요. 그리고 고생물 전문가들도 내용을 확인해 주셨어요. 그림은 이름난 고생물 그림 작가, 가와사키 사토시 씨가 맡아 주셨지요. 이 책은 이렇듯 여러 분야의 훌륭한 전문가들로부터 도움을 받아 만든 책이랍니다.

《그림으로 보는 고생물 도감》 편집부

▲▲▲▲▲▲▲▲▲ 차례

《그림으로 보는 고생물 도감》의
　　　　　세계에 온 것을 환영해요! ········ 2

머리말
책의 구성 소개
지질 시대를 알아봐요! ········ 12

제1장 **선캄브리아 시대** ········ 16

연체동물이었을까? **킴베렐라** ········ 18
도장처럼 생긴 이동 흔적 **요르기아** ········ 20
가늘고 긴 배 모양 **프레리디니움** ········ 22

바닥에서 솟아난 잎처럼 생긴 **카르니오디스쿠스** ········ 24
지구상 최초로 산소를 만든 세균 **시아노박테리아** ········ 25

제2장 고생대 ········ 26

캄브리아기 ········ 28

캄브리아기를 대표하는 생물 **아노말로카리스** ········ 30
기괴한 수수께끼투성이 생물 **할루키게니아** ········ 32
눈이 5개 달린 생물 **오파비니아** ········ 34
대표적인 척삭동물 **피카이아** ········ 36
거대한 하나의 겹눈이 특징인 **캄브로파키코페** ········ 38
그물눈 모양의 각피가 특징인 **미크로딕티온** ········ 40

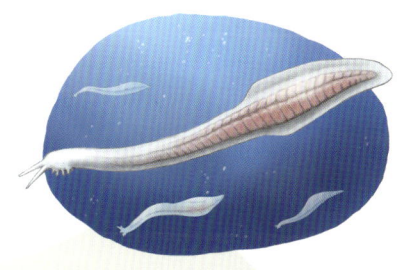

신경계 화석이 발견된 절지동물 **알랄코메나이우스** ········ 42

가장 오래된 어류 **밀로쿤밍기아** ········ 43

오르도비스기 ········ 44

오르도비스기의 최강자 **카메로케라스** ········ 46

가장 큰 삼엽충 **이소텔루스** ········ 48

등딱지가 있는 신기한 물고기 **사카밤바스피스** ········ 50

오르도비스기의 바다전갈 **메갈로그랍투스** ········ 52

만두 위의 불가사리? **이소로푸스** ········ 53

실루리아기 ········ 54

실루리아기 바다를 지배한
바다전갈 **프테리고투스** ········ 56

영국에서 발견된 아주 작은 벌레 **오파콜루스** ········ 58

작은 비늘로 덮인 무악류 **플레볼레피스** ········ 60

극어류를 대표하는 물고기 **클리마티우스** ········ 61

데본기 62

고생대 어류 중 최강의 턱을 지닌 **둔클레오스테우스** 64
체내수정을 한 가장 오래된 생물 **미크로브라키우스** 66
식물에 숨어서 사냥하는 **팔라이오카리누스** 68
기묘한 삼엽충 **에르베노킬레** 70
가장 오래된 민물고기 **에리바스피스** 72
땅에 올라가지 못한 육기어류 **아칸토스테가** 74
별을 닮은 생물 **미메타스테르** 76
16개의 팔이 있는 불가사리 **헬리안타스테르** 77

석탄기 78

절지동물 가운데 가장 큰 **아르트로플레우라** 80
곤충 가운데 가장 큰 **메가네우라** 82
아주 큰 올챙이 **크라시기리누스** 84

톱상어와 쌍둥이? **반드링가** ········ 86

양막이 있는 알을 낳은 **힐로노무스** ········ 88

페름기 ········ 90

등에 솟아난 높은 돛 **디메트로돈** ········ 92

물속에 적응한 최초의 파충류 **메소사우루스** ········ 94

머리가 부메랑처럼 생긴 **디플로카울루스** ········ 96

머리는 작고 몸은 거대한 **코틸로린쿠스** ········ 98

페름기 후기의 최강자 **리카에놉스** ········ 100

돌기가 온몸을 뒤덮은 **프로벨로사우루스** ········ 101

제3장 중생대 ········ 102

트라이아스기 ········ 104

목이 아주 긴 파충류 **타니스트로페우스** ········ 106
날개 달린 파충류 **롱기스쿠아마** ········ 108
턱이 발달해 엄니가 된 **플라케리아스** ········ 110
하늘을 나는 척추동물의 친척 **프레온닥틸루스** ········ 112
퍼즐처럼 생긴 봉합선 **케라티테스** ········ 113

쥐라기 ········ 114

쥐라기 바다의 강력한 사냥꾼 **리오플레우로돈** ········ 116
쥐라기를 대표하는 암모나이트 **닥틸리오케라스** ········ 118
역사상 가장 컸던 어류 **리드시크티스** ········ 120
우리 인간의 먼 조상? **쥬라마이아** ········ 122

쥐라기의 공룡들 ········ 124

백악기 ········ 126

남쪽의 익룡 **프레로다우스트로** ········ 128

공룡을 잡아먹은 포유류 **레페노마무스** ……… 130

바다 도마뱀이라는 별명을 지닌 **모사사우루스** ……… 132

거대한 악어처럼 생긴 **데이노수쿠스** ……… 134

커다란 물고기를 삼킨 육식 어류 **크시팍티누스** ……… 136

부리에 이빨과 비슷한 뼈가 있는 새 **이크티오르니스** ……… 137

백악기의 공룡들 ……… 138

제4장 신생대 ……… 140

고제3기 ……… 142

물과 땅을 오간 고래? **암불로케투스** ……… 144

공룡이 멸종된 뒤 땅 위에서 가장 강했던 새 **가스토르니스** ……… 146

코뿔소를 닮은 **아르시노이테리움** ……… 148

역사상 가장 컸던 뱀 **티타노보아** ········ 150

신제3기 ········ 152

가장 오래된 코끼리과 **스테고테트라벨로돈** ········ 154

역사상 가장 큰 상어 **메갈로돈** ········ 156

강력한 엄니를 가진 동물 **마카이로두스** ········ 158

초기의 인류 **아르디피테쿠스** ········ 160

제4기 ········ 162

길게 휜 상아 **콜롬비아매머드** ········ 164

커다란 뿔을 지닌 사슴 **메갈로케로스** ········ 166

가장 큰 도마뱀 **메갈라니아** ········ 168

거대한 육식성 조류 **하스트독수리** ········ 169

덧붙이는 글 ········ 170
찾아보기 ········ 172

▲▲▲▲▲▲▲ 머리말

책의 구성 소개
지질 시대를 알아봐요!

《그림으로 보는 고생물 도감》은 지질 시대에 살았던 동물들에 관한 책이에요. 지질 시대란 지구가 생성된 시기부터 인류의 역사가 시작되기 전까지의 기간을 말하며, 약 45억 년 전부터 1만 년 전까지를 가리켜요. 지질 시대는 크게 명왕누대, 시생누대, 원생누대, 현생누대로 구분할 수 있어요. 하지만 이 책은 그런 구분에 따르지 않고 현생누대 이전은 선캄브리아 시대로 묶어 정리했어요.

 지구상에 생명체가 처음 나타난 것은 35억 년 전으로 알려져 있어요. 당시에 살았던 생명체의 화석이 모두 남아 있지는 않아요. 현생누대부터는 화석이 많이 발견되는데, 이는 현생누대에 들어서면서 골격을 갖춘 생물이 많이 나타났기 때문이랍니다. 그에 비해 현생누대 이전의 생물들은 골격을 갖추지 못하고 몸의 표면이 부드러워서 화석으로 남아 발견되는 것이 매우 적어요.

지질 시대의 구분

누대	대	기	연대
현생누대	신생대	제4기	258만 8,000년 전 ~ 현대
		신제3기	2,303만 년 전 ~ 258만 8,000년 전
		고제3기	6,600만 년 전 ~ 2,303만 년 전
	중생대	백악기	1억 4,500만 년 전 ~ 6,600만 년 전
		쥐라기	2억 130만 년 전 ~ 1억 4,500만 년 전
		트라이아스기	2억 5,190만 년 전 ~ 2억 130만 년 전
	고생대	페름기	2억 9,890만 년 전 ~ 2억 5,190만 년 전
		석탄기	3억 5,890만 년 전 ~ 2억 9,890만 년 전
		데본기	4억 1,920만 년 전 ~ 3억 5,890만 년 전
		실루리아기	4억 4,380만 년 전 ~ 4억 1,920만 년 전
		오르도비스기	4억 8,540만 년 전 ~ 4억 4,380만 년 전
		캄브리아기	5억 4,100만 년 전 ~ 4억 8,540만 년 전
선캄브리아시대	원생누대		25억 년 전 ~ 5억 4,100만 년 전
	시생누대		40억 년 전 ~ 25억 년 전
	명왕누대		46억 년 전 ~ 40억 년 전

국제연대층서표 2019년 5월

고생대, 중생대, 신생대

 현생누대는 고생대, 중생대, 신생대로 나뉘어요. 고생대는 삼엽충이 가장 번성했던 시대로 절지동물과 어류, 양서류도 나타났지요. 척추동물만 놓고 보면 어류, 양서류의 시대라고 할 수 있답니다. 한편, 중생대는 공룡과 암모나이트가 번성한 시대예요. 척추동물만 놓고 보면 파충류의 시대라고도 할 수 있지요. 신생대는 척추동물인 포유류와 조류가 번성한 시대예요. 이 외에도 각 시대에 관한 자세한 설명이 각 장의 앞부분에 나와 있어요.

 고생대는 캄브리아기, 오르도비스기, 실루리아기, 데본기, 석탄기, 페름기의 6개 시기로 나뉘어요. 그리고 중생대는 트라이아스기, 쥐라기, 백악기로 나뉘고, 신생대는 고제3기, 신제3기, 제4기로 나뉘지요. 앞 페이지에 나온 지질 시대의 구분 표를 읽어 보면 이해하는 데 도움이 될 거예요. 각 시기에 관한 설명은 본문에 소개해 두었답니다.

시기로 구분하는 이유

 각 지질 시대를 다시 각각의 시기로 구분하는 이유는 시기마다 나타나는 화석의 종류가 다르기 때문이에요. 예를 들면, 같은 고생대라도 오르도비스기의 지질에서는 삼엽충 화석이 많이 나오지만 페름기의 지질에서는 매우 적게 발견된답니다.

 각 시기에 어떤 생물이 살았는지에 관한 설명은 그 시기를 다룬 본문 맨 앞부분에 나와 있어요.

 자, 이제부터 《그림으로 보는 고생물 도감》의 세상으로 들어가 볼까요?

케찰코아틀루스
중생대 백악기 후기의 익룡이에요.
익룡 중에서 가장 컸어요.

제1장
선캄브리아 시대

 약 46억 년 전 지구가 탄생하고부터, 비교적 크고 단단한 골격을 지닌 동물이 나타난 캄브리아기가 시작되기 전까지를 선캄브리아 시대라고 해요. 캄브리아기보다 앞선 시대를 뜻하기 때문에 선캄브리아 시대라고 하지요.

 지금부터 약 46억 년 전부터 약 5억 4,100만 년 전까지가 선캄브리아 시대예요. 선캄브리아 시대에는 화석으로 남을 만큼 크고 단단한 골격을 지닌 생물이 거의 없었어요. 땅에도 식물이 거의 자라지 않았지요.

한편, 약 6억 3,500만 년 전부터는 지구 전체가 꽁꽁 얼어붙었던 시기가 끝나고 에디아카라기가 시작되어 다세포 생물이 등장했어요. 이때 나타난 생물을 에디아카라기 생물이라고 하는데, 주로 호주와 나미비아, 러시아, 뉴질랜드에 살았어요.

에디아카라라는 이름은 많은 양의 화석이 발견된 호주의 에디아카라 언덕에서 따온 이름이에요. 당시 에디아카라기 생물이 살던 땅은 현재 호주가 위치한 남반구에 모여 있었는데, 이 에디아카라 언덕에서만 270종류의 화석이 발견되었답니다.

연체동물이었을까?
킴베렐라

부드러운 껍데기가
커다랗게 부풀어 오른
모양이에요.

주둥이

킴베렐라
Kimberella

분류 좌우대칭 동물
크기 15cm
발견지/서식지 러시아, 인도, 호주
서식 환경 바다
이름의 뜻 화석 수집가 '킴버'의 이름에서 유래

제1장 선캄브리아 시대

오늘날의 연체동물과 비슷해요.

에디아카라기에 살던 에디아카라 생물군의 하나예요. 둥글고 크게 부풀어 오른 부드러운 껍데기를 갖고 있는데, 문어나 조개 같은 연체동물이었을 가능성이 있어요. 이 생물군 중에는 오늘날의 생물과 공통점이 있는 경우가 드물어요. 그런데 킴베렐라는 연체동물과 비슷한 점이 있어서 눈길을 끌어요. 아마도 주둥이를 길게 뻗어 바다의 유기물을 먹었을 것으로 추측돼요.
 킴베렐라가 바다 밑바닥을 긁은 흔적으로 보이는 *방사형 화석이 러시아와 인도, 호주 등지에서 발견되고 있어요.

*방사형: 중앙의 한 점에서 거미줄이나 바큇살처럼 뻗어 나간 모양

도장처럼 생긴 이동 흔적
요르기아

**오른쪽과 왼쪽의
비대칭이 특징**

오른쪽과 왼쪽이 조금씩 어긋나 있어요.

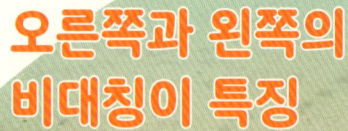

요르기아
Yorgia

분류　다세포 동물
크기　16~23cm
발견지/서식지　러시아, 호주
서식 환경　바다
이름의 뜻　러시아의 요르가강

제1장 선캄브리아 시대

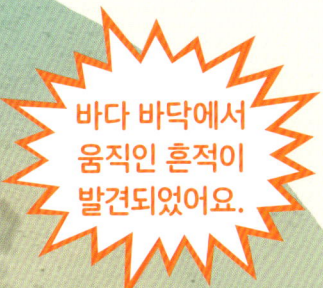

바다 바닥에서
움직인 흔적이
발견되었어요.

　바다 바닥을 이동한 흔적이 화석으로 남은 생물로, 에디아카라 생물군 중 하나예요. 납작한 타원 모양의 몸에는 마디가 있고, 오른쪽과 왼쪽이 조금씩 어긋난 비대칭 구조를 이루고 있어요.
　요르기아의 화석은 마치 도장을 여러 개 찍어 놓은 것처럼, 움직인 자국이 이어져 있는 모습이에요. 그래서 바다 바닥을 튀어 오르면서 이동했을 거라고 추측하지요. 진흙이나 모래 속의 유기물을 먹으며 살았다고 해요.

▲▲▲▲▲△△△△△

가늘고 긴 배 모양
프테리디니움

**배처럼 생긴
에디아카라 생물**

프테리디니움
Pteridinium

분류 다세포 동물
크기 6~30cm
발견지/서식지 러시아, 호주, 나미비아, 미국
서식 환경 바다
이름의 뜻 날개처럼 생긴 것

제1장 선캄브리아 시대

몸의 절반 정도를 모래 속에 파묻고 살았을 거예요.

선캄브리아 시대의 배?

  한가운데에 칸막이가 있는 배처럼 생긴, 신기한 모양을 한 에디아카라 생물이에요. 바다 바닥의 모래에 몸을 절반 정도 파묻고 살았을 것으로 추측해요.

  프테리디니움이라는 이름에는 '날개처럼 생긴 것'이라는 뜻이 있어요. 화석이 부서지지 않은 상태로 발견되는 경우가 많은 것을 보면, 몸의 구조가 아주 튼튼했던 것 같아요.

  러시아, 호주, 나미비아, 미국 등 세계 여러 곳에서 화석이 발견되고 있어요.

▲▲▲▲▲▲▲▲▲
바닥에서 솟아난 잎처럼 생긴
카르니오디스쿠스

카르니오디스쿠스
Charniodiscus

분류 다세포 동물
크기 50~100cm
발견지/서식지 캐나다, 영국, 우크라이나, 러시아, 인도, 호주
서식 환경 바다
이름의 뜻 잎처럼 평평한 것

바다 바닥에 서 있어요.

식물 같지만 동물이지요!

 식물의 이파리처럼 생긴 동물이에요. 몸의 아래쪽의 뿌리처럼 생긴 부분으로 몸을 고정해서 바다 바닥에 서 있었을 것으로 보여요. 카르니오디스쿠스의 화석 높이가 50~100cm 정도인 것으로 보아 상당히 컸을 것으로 추정돼요.

제1장 선캄브리아 시대

지구에서 가장 오래된 생물 중 하나예요!

지구에 산소를 만들어 준 세균

시아노박테리아
Cyanobacteria

분류 진정 세균
크기 0.002~0.01mm
발견지/서식지 호주, 남아메리카, 캐나다, 짐바브웨, 그린란드
서식 환경 바다, 민물
이름의 뜻 남색 세균

지구상 최초로 산소를 만든 세균
시아노박테리아

  오늘날 지구상에 존재하는 가장 오래된 생물은 세균이에요. 그중 하나인 시아노박테리아는 *광합성을 통해 처음으로 산소를 만들어 낸 세균이랍니다. 시아노박테리아는 이전까지 산소가 없었던 지구에 산소를 공급해서 스트로마톨라이트 같은 암석을 만들었어요. 세계에서 가장 오래된 스트로마톨라이트는 약 37억 년 전의 지층에서 발견되었어요.

*광합성: 빛 에너지와 물, 공기를 이용해 산소를 만드는 과정

제2장
고생대

 수많은 생명이 등장하는 캄브리아기로 시작하는 시대를 고생대라고 해요. 고생대에는 처음으로 다양한 동물이 나타나고, 절지동물인 삼엽충이 번성하기 시작했어요. 고생대는 약 5억 4,100만 년 전부터 페름기가 끝나는 약 2억 5,190만 년 전까지 이어지지요.
 고생대는 캄브리아기, 오르도비스기, 실루리아기, 데본기, 석탄기, 페름기의 6개 시기로 나뉘어요.
 고생대 초기에는 선캄브리아 시대와 마찬가지로 물속에만 생물이 존재했어요. 그 후 땅 위로 식물이 올라가고, 무척추동물, 척추동물이 그 뒤를 따랐지요. 척추동물은 척추가 있는 동물을 말해요. 인간도 척추동물이지요. 이후에 포유류의 조상이 되는 단궁류가 탄생했어요.

이 시대를 대표하는 절지동물인 삼엽충은 캄브리아기에 처음 나타나 오르도비스기에 최고로 활발하게 활동했어요. 그 후 서서히 모습을 감추다가 페름기에는 멸종되었어요.

고생대

캄브리아기

(5억 4,100만 년 전~4억 8,540만 년 전)

　선캄브리아 시대 후반기에 많은 생물이 멸종되었는데, 그중 살아남은 생물들을 중심으로 생명체 수가 빠르게 늘어난 시대가 바로 캄브리아기예요. 이때 생물이 폭발적으로 탄생한 것을 가리켜 '캄브리아기 대폭발'이라고 부르지요. 이 시대의 기후는 처음에는 비교적 추웠지만 점점 따뜻해졌어요. 전체적으로는 오늘날보다 따뜻했다고 해요.

　캄브리아기에는 지구에 거대한 대륙 하나와 작은 대륙 세 개가 있었어요. 캄브리아기의 대륙은 지금의 대륙과는 많이 달랐지요. 남극을 중심으로 한 거대한 대륙 곤드와나, 적도 부근의 로렌시아와 시베리아, 남반구에 위치한 발티카가 있었어요. 이 시대의 대륙에는 동물과 식물이 거의 없었고, 선캄브리아 시대와 마찬가지로 땅은 대부분 황야였어요. 바닷속은 산소는 적었지만 영양소는 많았을 것이라고 해요. 바다에는 해파리나 해면동물, 삼엽충 등이 번성했어요.

시푸스아욱툼◀

튤립처럼 생긴 동물이에요. 밑으로 난 구멍으로 바닷물을 빨아들여 유기물을 흡수했어요. 분류는 알 수 없지만, 바다에 살았고 북미에서 발견되었답니다. 몸길이는 약 20cm이고, 이름에는 '커다란 컵'이라는 뜻이 있어요.

제2장 고생대 / 캄브리아기

생물이 폭발적으로 탄생한 시대, 캄브리아기 대폭발!

무척추동물들은 캄브리아기에 폭발적으로 진화했어요. 무척추동물 대부분이 이 시대에 탄생했답니다. 척추동물도 점차 나타났지요. 이때부터 생물은 껍질이나 지느러미, 다리를 갖게 되었고, 먹고 먹히는 관계가 본격적으로 형성되기 시작했어요.

캄브리아기에는 이런 생물도 있었어요!

캄브리아기를 대표하는 생물

아노말로카리스

아노말로카리스는 육식 동물로, 캄브리아기에 살던 생물 중에 가장 큰 생물이었을 거라고 해요. 몸 크기가 1m나 될 정도였지요. 커다란 촉수에는 날카로운 가시가 나 있어 한번 잡은 먹이는 놓치지 않았어요. 양옆으로 튀어나온 거대한 눈에는 1만 6,000여 개의 렌즈가 있었어요. 발달된 *겹눈으로 먹이의 작은 움직임도 쉽게 알아챘지요.

캄브리아기를 대표하는 아노말로카리스는 당시 바닷속에서 가장 강한 생물이었어요. 여러 종류가 있었는데, 그중에서도 특히 거대한 '아노말로카리스 카나덴시스' 화석이 캐나다의 *버제스 혈암에서 발굴되었어요.

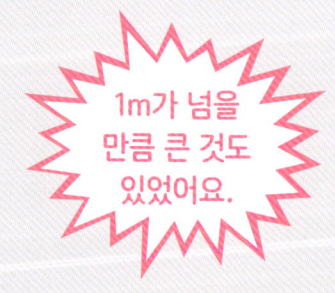

1m가 넘을 만큼 큰 것도 있었어요.

아노말로카리스
Anomalocaris

분류 절지동물 아노말로카리스과
크기 25~100cm
발견지/서식지 북미, 중국, 호주
서식 환경 바다
이름의 뜻 이상한 새우

*겹눈: 수많은 낱개의 눈이 벌집 모양으로 모여 이루어진 눈
*버제스 혈암: 캐나다 왑타산에 있는 지질층으로, 캄브리아기의 화석들이 쏟아져 나온 곳

할루키게니아
Hallucigenia

- **분류** 무척추동물 할루키게니아과
- **크기** 0.5~3cm
- **발견지/서식지** 캐나다, 중국
- **서식 환경** 바다
- **이름의 뜻** 환상적인 모습

가늘고 긴 가시

여러 쌍의 다리

기괴한 수수께끼투성이 생물
할루키게니아

할루키게니아는 *유조동물에 가까운 *엽족동물의 하나예요. 가느다란 몸통에 뽀족한 가시와 다리가 달린 특이한 생물이지요. 머리 위쪽에는 작은 눈이 달려 있고, 앞에는 입처럼 생긴 구멍이 있었어요. 다리 끝에는 작은 발톱이 나 있었지요. 바닷속에서 죽은 동물을 먹고 살았던 것으로 보여요.

*유조동물: 발톱이 달린 여러 쌍의 다리를 가진 무척추동물
*엽족동물: 부드러운 몸에 원통형 다리를 가진 벌레 같은 동물

제2장 고생대 / 캄브리아기

베일에 싸인 신비한 생물

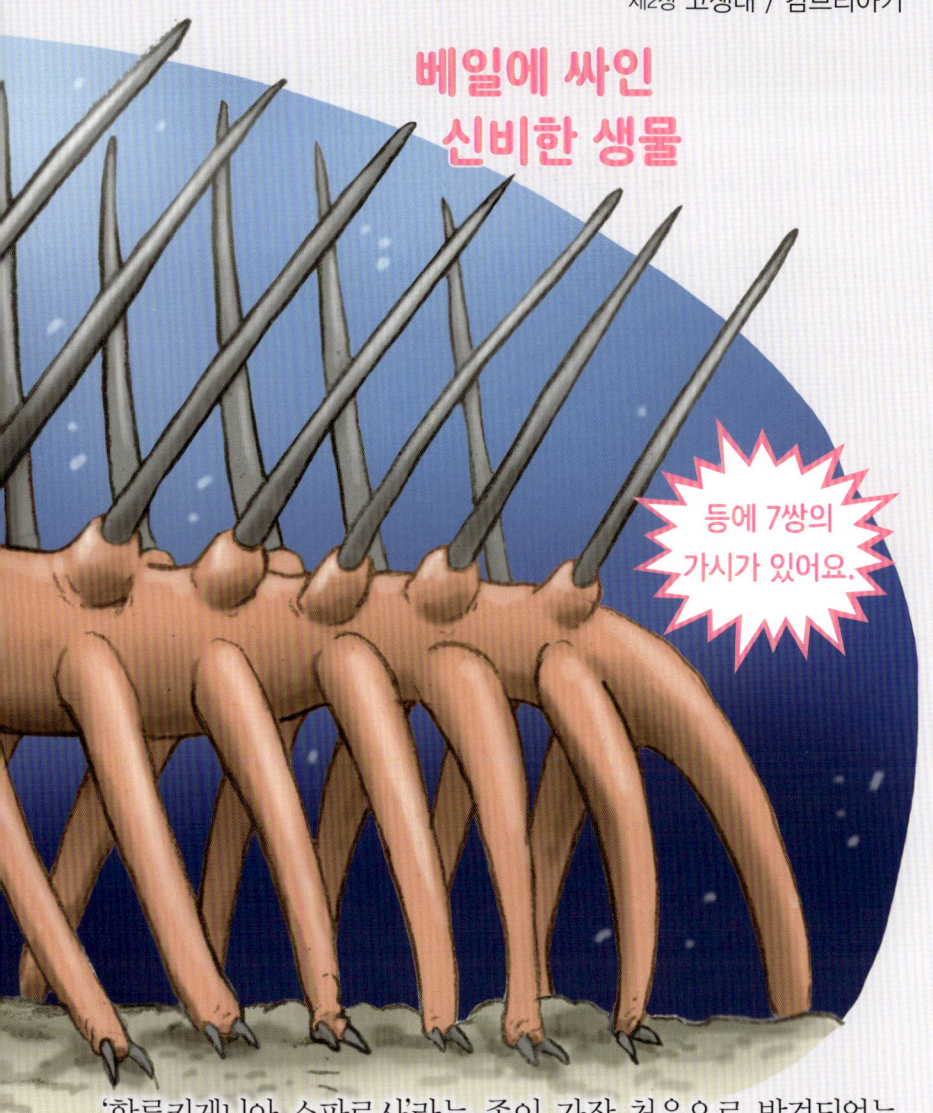

등에 7쌍의 가시가 있어요.

'할루키게니아 스파르사'라는 종이 가장 처음으로 발견되었는데, 몸길이가 최대 3cm 정도였지요.

어떻게 살았는지 잘 알려지지 않은 캄브리아기의 생물 중에서도 가장 수수께끼로 남아 있는 생물이에요.

눈이 5개 달린 생물
오파비니아

 오파비니아는 캐나다의 버제스 혈암에서 발견된 동물들 중에서도 특히 신기하게 생긴 동물이에요.

 머리에 눈이 5개 달렸고, 마치 코끼리 코처럼 긴 관이 붙어 있었어요. 관 끝에는 먹이를 놓치지 않도록 가시가 나 있었지요. 관은 부드럽게 휘어져서, 잡은 먹이를 배 쪽에 있는 입에

코끼리 코처럼 생긴 관이 있어요.

기묘한 관

오파비니아
Opabinia

- **분류** 절지동물 오파비니아과
- **크기** 4.3~7cm
- **발견지/서식지** 캐나다
- **서식 환경** 바다
- **이름의 뜻** 캐나다의 '바위가 많은'을 뜻하는 오파빈이라는 길에서 유래

제2장 고생대 / 캄브리아기

가져가는 역할을 했어요. 오늘날 코끼리의 코와 거의 비슷한 역할을 한 거예요. 몸길이는 4.3~7cm 정도이고, 다리에는 아가미가 달려 있었어요. 무서운 공상 과학 영화에 등장할 것만 같은 모습이에요.

5개의 눈

버제스 혈암 동물군을 대표하는 생물

대표적인 척삭동물
피카이아

 민달팽이를 닮은 피카이아는 척추동물에 가까운 척삭동물로 분류돼요. 척삭동물이란 등골 아래로 뻗어 있는 부드러운 막대 같은 물질인 척삭을 지닌 생물이에요. 척삭은 척추의 기초가 되지요. 피카이아는 척삭동물 중 가장 오래되었어요.
 피카이아는 몸을 좌우로 흔들면서 바다 바닥을 헤엄치며 살았을 것으로 보여요. 몸길이는 4~5.5cm 정도로 작고 약했어요. 과거에는 피카이아를 척추동물의 조상으로 여긴 적도 있고, 심지어 인류의 조상이라고 주장하는 학자도 있었어요.

피카이아
Pikaia

분류 척삭동물 피카이아과
크기 4~5.5cm
발견지/서식지 캐나다
서식 환경 바다
이름의 뜻 토끼의 사촌인 '우는토끼(pika)'에서 유래

제2장 고생대 / 캄브리아기

하지만 피카이아 화석이 발견된 지층보다 더 오래된 지층에서 척추동물이 발견되면서 지금은 그저 척삭동물의 하나로 보고 있어요.

근육

등뼈의 시작인 척삭

현재의 창고기와 비슷한 생물

옛날에는 인류의 조상으로 여겨졌던 척삭동물

거대한 하나의 겹눈이 특징인
캄브로파키코페

　몸길이가 2mm도 되지 않을 만큼 작아서 사람의 눈에는 잘 보이지 않는 갑각류예요. 머리 부분에 거대한 겹눈이 있는 기묘한 생김새였어요.

　캄브로파키코페는 바닷속을 헤엄치는 것이 특기였던 것 같아요. 몸 뒤쪽에 지느러미처럼 생긴 다리가 있었는데, 이 다리가 카누의 '노'와 같은 역할을 했을 것으로 추측되어요.

　스웨덴의 캄브리아기 지층에서 발견된 화석을 통해 오르스텐 동물군을 대표하는 생물일 것으로 추정해요. 이 지층에서는 주로 이렇게 작은 *절지동물이 많이 발견되었어요.

커다란 겹눈을 지닌
기묘한 갑각류

38　*절지동물: 팔다리 등의 몸에 마디가 있는 동물

제2장 고생대 / 캄브리아기

거대한 겹눈

바다를 자유롭게 헤엄쳤어요.

다리

캄브로파키코페
Cambropachycope

분류 절지동물 갑각류의 친척
크기 1.5mm
발견지/서식지 스웨덴
서식 환경 바다
이름의 뜻 캄브리아기 거대한 하나의 눈

▲▲▲▲▲▲▲▲▲▲
그물눈 모양의 각피가 특징인
미크로딕티온

  32쪽의 할루키게니아와 비슷한 엽족동물이에요. 가늘고 긴 몸에 할루키게니아와 같은 가시는 없지만, 8~10쌍의 다리가 있어요. 다리 윗부분에는 그물눈 모양의 단단한 *각피가 다리의 수만큼 있었지요. 몸 양쪽으로 늘어선 이 각피 부분만 단단하고, 다른 곳은 부드러웠어요.

  각피 화석이 미국과 유럽 등지에서도 발견되는 것으로 보아 세계 곳곳에 살았던 것으로 보여요. 몸 전체 모습을 볼 수 있는 화석은 중국 윈난성 청지앙 지역에서 나왔어요. 이 발견으로 전체 생김새가 알려졌고, 이때부터 미크로딕티온은 청지앙 동물군에 포함되었어요.

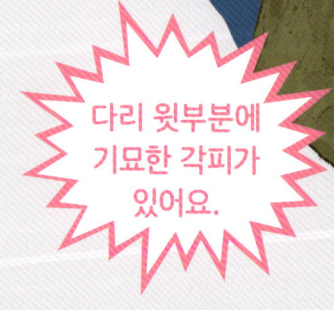

다리 윗부분에 기묘한 각피가 있어요.

미크로딕티온
Microdictyon

분류 엽족동물
크기 1.0~8.0cm
발견지/서식지 세계 여러 곳
서식 환경 바다

*각피: 생물의 겉표면에서 세포가 활동하며 생기는 딱딱한 층으로, 몸을 보호하는 기능을 해요.

제2장 고생대 / 캄브리아기

중국의 청지앙에서 발견된 화석으로 전체 생김새가 알려진 생물

그물눈 모양의
단단한 각피

신경계 화석이 발견된 절지동물
알랄코메나이우스

긴 촉수가 달린 절지동물이에요. 가운데가 오목한 눈이 특징이지요. 발견된 화석에 시신경이었을 것으로 추정되는 자국이 남아 있어, 오늘날의 투구게나 전갈과 비슷한 중추신경이 있었던 것으로 확인돼요. 알랄코메나이우스의 화석은 캐나다의 버제스 혈암과 중국의 청지앙에서 발견되었어요.

알랄코메나이우스
Alalcomenaeus

분류   절지동물 메가케이라류
크기   6cm
발견지/서식지   캐나다, 중국
서식 환경   바다
이름의 뜻   그리스의 옛 도시 알랄코메나이에서 유래

아령처럼 생긴 눈이 특징

눈

촉수

제2장 고생대 / 캄브리아기

가장 오래된 어류 중 하나

등지느러미

밀로쿤밍기아
Myllokunmingia

분류 척추동물 밀로쿤밍기아류
크기 2.8cm
발견지/서식지 중국
서식 환경 바다
이름의 뜻 중국 쿤밍 지역의 물고기

▲▲▲▲▲▲▲▲▲

가장 오래된 어류

밀로쿤밍기아

 등지느러미와 배지느러미가 있는 가장 오래된 어류 중 하나예요. 오늘날 대부분의 물고기에 있는 비늘이나 턱은 없었을 것으로 추정돼요. 밀로쿤밍기아가 발견되면서 캄브리아기에 이미 척추동물이 나타났다는 사실이 확인되었답니다. 바닷속에서 수백 마리가 무리를 지어 살았을 거라고 해요.

고생대

오르도비스기

(4억 8,540만 년 전~4억 4,380만 년 전)

 캄브리아기에 등장한 삼엽충은 오르도비스기에 전성기를 맞이했어요. 캄브리아기에는 없었던 독특한 삼엽충 종류들이 등장했는데, 그중에는 자유롭게 헤엄칠 수 있는 삼엽충도 있었다고 해요.

 오르도비스기는 거의 움직이지 않은 채 한곳에 머물러 사는 무척추동물들이 다양하게 나타난 시대예요. 물고기는 꼬리지느러미 외에 다른 지느러미가 없었고, 턱도 갖추어지지 않아서 다른 동물을 잡아먹고 살지는 못했을 것으로 보여요. 주로 물속이나 바다 밑의 유기물을 먹고 살았을 것으로 추정돼요.

 이 시대에도 캄브리아기와 마찬가지로 남반구에 거대한 곤드와나 대륙이 있었는데, 여기에서 일부가 떨어져 나와 아발로니아 대륙이 되었지요. 이곳의 기후는 중기까지 따뜻했지만, 말기가 되면서 빠르게 추워져 넓은 면적이 빙하로 뒤덮여 버렸어요.

네오아사푸스 ◀
러시아에서 발견된 삼엽충이에요.
튀어나온 눈으로 주위를 살폈던 것으로 추측돼요.

제2장 고생대 / 오르도비스기

삼엽충의 전성기이자 급격한 기후 변화로 대멸종이 발생한 시대

기후가 급격히 바뀌면서 오르도비스기 말기에는 생물이 대량으로 멸종했어요. 산호나 *해면동물, 삼엽충, *완족동물의 일부가 멸종했답니다.

러시아에서 발견된 삼엽충, 튀어나온 눈으로 주위를 살폈어요.

*해면동물: 문어, 오징어처럼 바다에서 사는 뼈가 없는 동물 중 가장 원시적인 동물
*완족동물: 촉수관이 발과 비슷한 동물

오르도비스기의 최강자
카메로케라스

오르도비스기, 바닷속에서 가장 큰 생물이었던 앵무조개의 한 종류예요. 큰 것은 몸길이가 11m나 되는데, 이 크기는 고생대 연체동물 중에서도 가장 커요. 매우 강력한 *포식자였던 이 생물은 삼엽충도 잡아먹었을 것으로 추측돼요.

삼엽충도 잡아먹은
오르도비스기 최대의 *두족류

*포식자: 다른 동물을 먹이로 잡아먹는 동물
*두족류: 척추가 없는 연체동물 중 다리가 머리에 달려 있는 동물

제2장 고생대 / 오르도비스기

 원뿔 모양으로 쭉 뻗은 껍질 속은 암모나이트와 마찬가지로 여러 개의 방으로 나뉘어 있었어요. 각 방에 있는 체액의 양을 조절해서 물에 뜨거나 가라앉을 수 있었다고 해요.
 한편, 거대한 카메로케라스는 그 크기 때문에 활발하게 움직이기 어려워 주로 바다 바닥에 가만히 머물러 살았을 것으로 추정돼요.

껍질 속은 여러 개의 방으로 나뉘어 있어요.

바닷속 최강자였어요.

카메로케라스
Cameroceras

분류　연체동물 두족류
크기　7~11m
발견지/서식지　세계 여러 곳
서식 환경　바다
이름의 뜻　여러 개의 방이 있는 뿔

47

가장 큰 삼엽충
이소텔루스

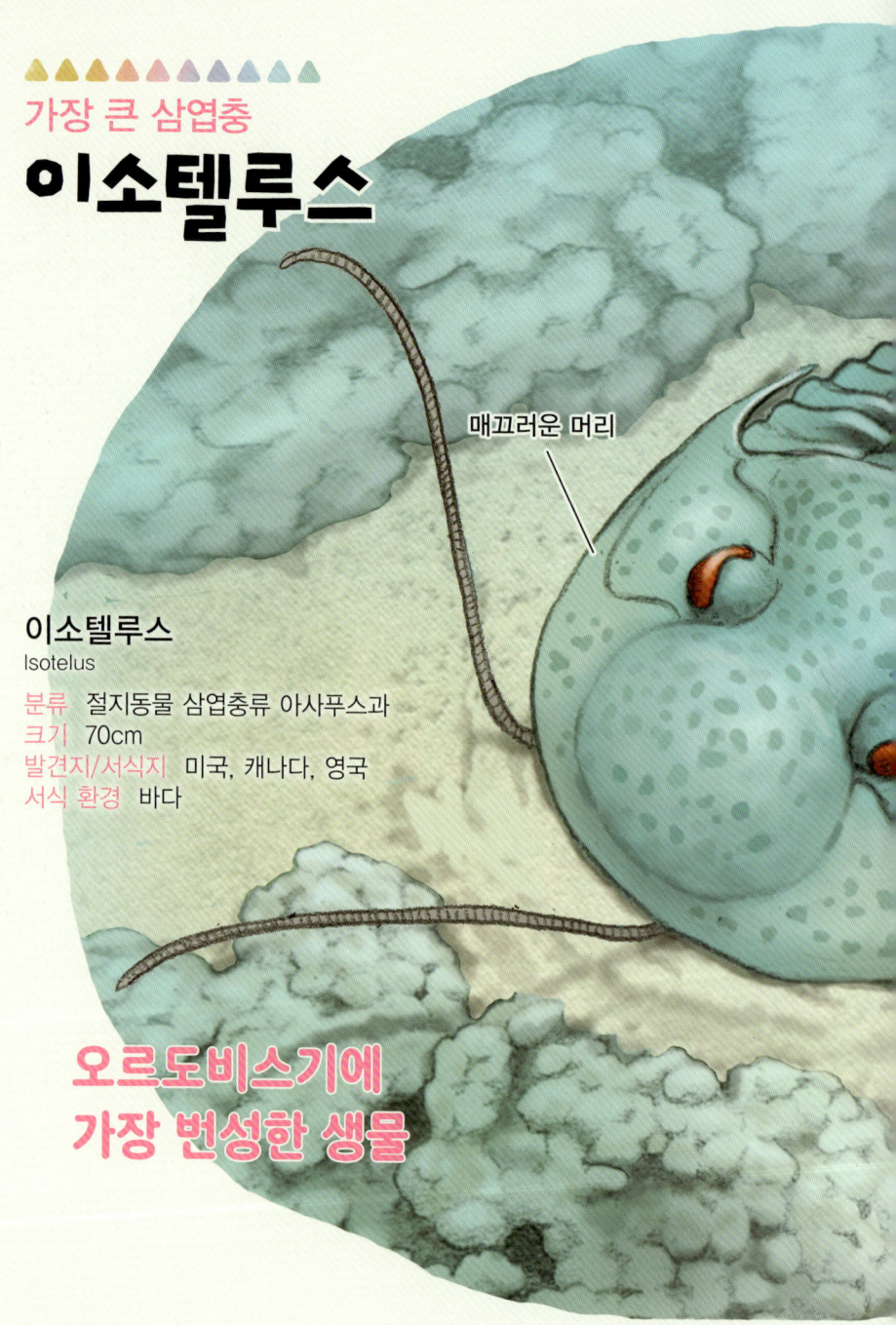

매끄러운 머리

이소텔루스
Isotelus

분류 절지동물 삼엽충류 아사푸스과
크기 70cm
발견지/서식지 미국, 캐나다, 영국
서식 환경 바다

오르도비스기에 가장 번성한 생물

제2장 고생대 / 오르도비스기

삼엽충 중에서 가장 커요.

오르도비스기에는 삼엽충이 가장 번성해서, 다양한 종류의 삼엽충이 살았어요. 지금까지 발견된 삼엽충 중에서는 이소텔루스가 가장 크고, 특히 큰 '이소텔루스 렉스' 종은 몸길이가 70cm나 되었지요.

몸의 머리와 꼬리 부분은 매끄러운 모양이고, 바다 바닥의 먹이를 먹었던 것으로 보이는 자국이 화석으로 발견되었어요. 육식을 했던 것으로 추측되어요.

고생대를 상징하는 생물, 삼엽충은 오르도비스기에 가장 번성했다가 페름기에 멸종했어요.

등딱지가 있는 신기한 물고기
사카밤바스피스

사카밤바스피스는 오르도비스기 후기를 대표하는 물고기예요. 등과 배 쪽은 두 장의 등딱지로 덮여 있었고, 머리에는 두 개의 작은 눈이, 꼬리에는 작은 지느러미가 있었어요. 지금의 물고기와 비교하면 잘 헤엄치지 못했어요.

몸의 앞부분을 덮고 있는 등딱지

눈

헤엄에 서투른 물고기

제2장 고생대 / 오르도비스기

 바다를 자유롭게 헤엄쳐서 건너지 못하다 보니, 대륙 주변의 얕은 바다에서 살았을 가능성이 커요.
남미의 볼리비아에 있는 사카밤바라는 마을에서 이 생물의 화석이 처음 발견되었기 때문에 '사카밤바의 등딱지'라는 뜻의 이름이 붙었답니다.

턱이 없는 무악류

사카밤바스피스
Sacabambaspis

분류 척추동물 무악류 사카밤바스피스과
크기 30cm
발견지/서식지 볼리비아, 아르헨티나, 오만, 호주
서식 환경 바다
이름의 뜻 볼리비아의 마을 사카밤바의 등딱지

오르도비스기의 바다전갈
메갈로그랍투스

캄브리아기에 이어 오르도비스기에도 여러 종류의 절지동물이 등장했어요. 메갈로그랍투스는 가장 오래된 바다전갈 종류 중 하나예요. 긴 가시가 많이 달려 있고, 갈퀴처럼 보이는 다리와 낫처럼 생긴 꼬리가 특징이에요. 몸 크기는 약 1m로 거대해서 사냥을 잘했을 것으로 추측되어요.

메갈로그랍투스
Megalograptus

- 분류　절지동물 바다전갈류
- 크기　1m
- 발견지/서식지　미국
- 서식 환경　바다
- 이름의 뜻　거대한 작품

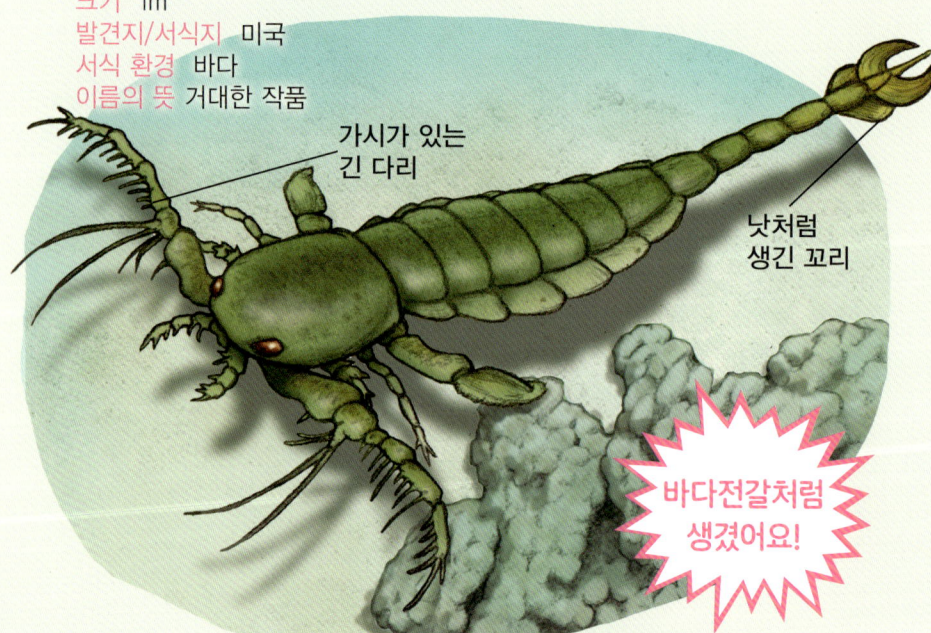

가시가 있는 긴 다리

낫처럼 생긴 꼬리

바다전갈처럼 생겼어요!

제2장 고생대 / 오르도비스기

이소로푸스
Isorophus

분류 극피동물 좌불가사리류
크기 2.5cm
발견지/서식지 미국
서식 환경 바다

불가사리와 닮았어요!

항문

만두 위의 불가사리?
이소로푸스

좌불가사리류에 해당하는 *극피동물의 일종이에요. 만두처럼 생긴 원반 위에 불가사리가 올라탄 것 같은 모습을 하고 있답니다. 몸 가운데에서 뻗어 나온 5개의 가느다란 줄기가 있는데 하나는 나머지 넷과 반대 방향으로 뻗어 있어요.
 오르도비스기 후기에 바닷속 바위 등에 붙어 살았던 것으로 보여요.

*극피동물: 가시 있는 껍질을 지닌 동물이라는 뜻으로 불가사리가 여기 속해요.

고생대

실루리아기
(4억 4,380만 년 전~4억 1,920만 년 전)

 실루리아기는 기간이 약 2,460만 년밖에 되지 않아 고생대 중에서는 가장 짧은 지질 시대예요. 당시 남반구에는 캄브리아기부터 존재했던 곤드와나 대륙이 있었어요. 북쪽에 있던 아발로니아와 발티카, 로렌시아 대륙은 하나로 합쳐졌고, 시베리아는 북쪽에 따로 존재했지요.

 기후는 정확히 알려지지 않았지만, 초기에는 오르도비스기 말처럼 추웠고 빙하가 있었던 것으로 추측되어요.

 한데 모여 무리를 지어 생활하는 필석과 산호가 번성했지만, 삼엽충이나 앵무조개 등은 수가 줄었어요. 지느러미 앞에 가시가 있는 극어류가 나타났고, 민물에 사는 물고기도 등장했어요. 그리고 바다전갈도 번성했답니다.

쿡소니아◀
땅에서 살기 시작한 가장 오래된 생물이에요.
잎은 없고, 줄기 끝에 포자가 달려 있었어요. 늪지 등에서 서식했던 것으로 보여요.

제2장 고생대 / 실루리아기

초기 식물과 무척추동물이 땅으로 진출한 시대

 육지에는 초기 식물이 등장했어요. 물가에 이끼나 양치류 식물이 나타나기 시작했고, 무척추동물도 육지로 진출했어요. 하지만 생물이 주로 살던 곳은 기본적으로 바다였고, 여전히 무척추동물이 강한 시대였지요.

땅에서 살기 시작한 가장 오래된 생물

실루리아기 바다를 지배한 바다전갈
프테리고투스

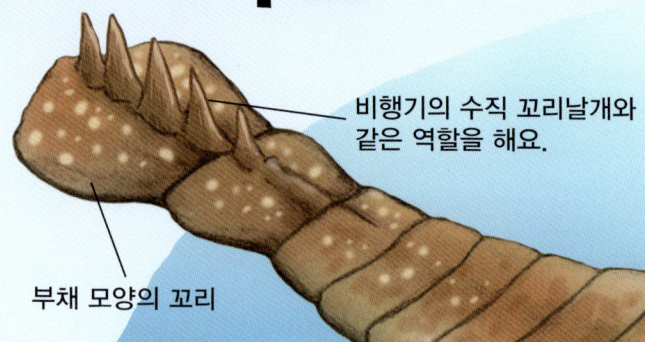

비행기의 수직 꼬리날개와 같은 역할을 해요.

부채 모양의 꼬리

　프테리고투스는 바다전갈류의 가장 전형적인 모습을 하고 있어요. 물의 저항을 잘 받지 않는 몸의 생김새 덕분에 헤엄을 잘 쳤던 것으로 보여요. 그리고 노처럼 생긴 다리와 부채 모양의 꼬리를 갖고 있었어요. 앞쪽의 커다란 집게는 먹이가 도망치지 못하게 잡아 둘 정도로 힘이 셌던 것 같아요.
　크고 작은 여러 종류의 프테리고투스 화석이 미국이나 유럽 등 세계 곳곳에서 발견되고 있어요. 주로 오르도비스기나 데본기의 지층에서 발견되지요. 몸길이가 2m에 달하는 화석도 있는데, 이것은 바다전갈류 중에서 가장 커요.

제2장 고생대 / 실루리아기

프테리고투스
Pterygotus

분류 절지동물 바다전갈류
크기 27~200cm
발견지/서식지 북미, 유럽, 러시아, 남미, 호주
서식 환경 바다
이름의 뜻 날개 달린 물고기

가장 진화한 바다전갈류

2m에 달하는 거대한 크기

커다란 집게

영국에서 발견된 아주 작은 벌레
오파콜루스

다리에 난 털

다리에 뻣뻣한 털이 있어요.

오파콜루스
Offacolus

분류 절지동물 협각류
크기 5~8mm
발견지/서식지 영국
서식 환경 바다
이름의 뜻 고대 메르시아 왕국의 오파(Offa) 왕과 콜루스(colus)라는 사람의 이름에서 유래

제2장 고생대 / 실루리아기

실루리아기에 살던 투구게의 먼 친척

실루리아기에 살았던, 몸길이 5mm 정도의 아주 작은 협각류예요. 투구게나 전갈과 같은 종류로, 오늘날의 투구게와 비슷한 다리와 호흡 기관을 갖고 있었어요. 껍데기 앞쪽에 있는 구멍에는 다리가 많이 튀어나와 있었어요. 다리 끝에는 빳빳한 털이 나 있었는데, 이 털이 어떤 역할을 했는지는 아직 밝혀지지 않았어요. 이것은 다른 협각류에서는 볼 수 없는 특징이기도 해요.

크기가 겨우 몇 mm밖에 안 되지만, 애니메이션 〈바람계곡의 나우시카〉에 등장하는 거대한 벌레인 오무를 닮았다고 말하는 사람도 있어요. 만약 크기가 정말로 컸다면 무척 무서웠을 거예요. 오파콜루스의 화석은 영국의 헤리퍼드셔에서 발견되었답니다.

작은 비늘로 덮인 무악류
플레볼레피스

 몸이 작은 비늘로 덮여 있고 턱이 없는 물고기예요. 고래상어처럼 납작한 머리끝에는 넓적한 입이 있었다고 해요. 커다란 꼬리지느러미가 있었고, 양옆에도 지느러미가 있었어요. 복어처럼 생겼을 것으로 추측하는 학자도 있어요. 헤엄을 잘 쳐서 얕은 바다에서 깊은 바다로 나갈 수 있었어요. 플랑크톤 등을 먹고 살았을 거라고 해요.

플레볼레피스
Phlebolepis

분류 척추동물 무악류 플레볼레피스목
크기 7cm
발견지/서식지 노르웨이, 스웨덴, 에스토니아, 러시아, 영국
서식 환경 바다
이름의 뜻 결이 있는 비늘

넓적한 머리와 입

고래상어를 닮은 납작한 머리

제2장 고생대 / 실루리아기

클리마티우스
Climatius

분류　척추동물 극어류
크기　15cm
발견지/서식지　영국, 캐나다, 볼리비아, 에스토니아
서식 환경　강, 호수
이름의 뜻　기울어진 물고기

가장 초기 형태의 턱을 지닌 *극어류

가슴지느러미
5개의 가시
뒷지느러미

극어류를 대표하는 물고기
클리마티우스

　꼬리지느러미를 제외한 모든 지느러미에 가시가 달려 있는 물고기인 극어류의 한 종류예요. 클리마티우스는 극어류를 대표하는 물고기이자, 가장 초기 형태의 턱을 지닌 물고기 중 하나이기도 해요. 입안에는 이빨이 있었고, 가슴지느러미와 뒷지느러미 사이에 5개의 가시가 있었어요. 실루리아기 후기부터 데본기 전기까지 민물에서 살았어요.

*최근에는 극어류를 상어와 같은 연골어류로 생각하기도 해요.

고생대

데본기
(4억 1,920만 년 전~3억 5,890만 년 전)

이 시대의 가장 큰 특징은 어류가 번성했다는 거예요. 전부터 있었던 턱이 없는 어류와 지느러미에 가시가 달린 어류를 비롯해, 딱딱한 등딱지를 가진 판피어류와 상어 같은 연골어류도 등장했어요. 바다에서 민물로 진출한 어류는 다리가 넷인 동물로 변화하기도 했지요. 이 동물이 양서류가 되어 나중에 땅으로 올라갔답니다.

데본기 초기에 발티카와 로렌시아 대륙 등이 하나로 합쳐지며 유라메리카 대륙이 만들어졌어요. 이 시대에는 이전부터 남반구에 있었던 곤드와나 대륙과 북쪽의 시베리아 대륙, 새롭게 만들어진 유라메리카 대륙까지 모두 3개의 대륙이 있었어요.

데본기가 시작될 무렵의 기후는 따뜻했어요. 얼음이 녹아 바다 수면이 높아지면서 대륙 안쪽까지 바닷물이 흘러들어 섬들이 많이 생겼지요. 하지만 그 뒤에 점점 기온이 내려가며, 데본기 말기에는 빙하가 나타났어요.

틱타알릭 ◀
땅에 사는 네발 동물과 비슷한 특징이 있고, 크게 움직일 수 있는 목과 발목이 있었어요.

제2장 고생대 / 데본기

3개의 대륙이 있고, 어류가 번성했으며, 식물의 종류도 다양해진 시대

데본기에는 실루리아기에 나타났던 유관속 식물의 종류가 더 다양해지고, 모양도 복잡해졌어요. 유관속 식물이란 관이 있는 식물로, 관을 통해 물이나 영양분을 날라요. 데본기 말기에는 원시적인 식물들이 많이 등장하고 커다란 나무도 나타났어요.

땅에 사는 네발 동물과 비슷한 틱타알릭

고생대 어류 중 최강의 턱을 지닌
둔클레오스테우스

겉모습만 보아도 턱의 힘이 강할 것 같아요. 고생대 어류 가운데 턱의 힘이 가장 강했다고 해요. 턱 힘을 이용해 입을 빠른 속도로 벌려 주변에서 헤엄치던 어류를 빨아들이는 방식으로 사냥했을 것으로 여겨져요.

뼈판으로 이루어진 부리처럼 생긴 돌기

뼈로 덮인 머리와 가슴

바다 최강의 포식자

제2장 고생대 / 데본기

바다 생태계 꼭대기에 있었어요.

둔클레오스테우스
Dunkleosteus

분류 척추동물 판피류
크기 6m
발견지/서식지 북미
서식 환경 바다
이름의 뜻 미국 고생물학자 둔클(Dunkle)에서 유래

　이 물고기의 머리를 복원한 모형이 있는데, 턱과 뺨을 마치 쇠로 만든 것 같아요. 머리와 가슴이 뼈로 덮여 있고, 이빨로 여겨지는 칼날같이 날카로운 뼈판이 있었어요. 다만, 둔클레오스테우스의 화석은 가슴 부분까지밖에 발견되지 않아 가슴 아래쪽은 어떤 모습이었는지 확실히 알 수 없답니다.

▲▲▲▲▲▲▲▲▲
체내수정을 한 가장 오래된 생물
미크로브라키우스

 미크로브라키우스는 약 3억 8,500만 년 전에 살았던, 턱이 있는 가장 오래된 척추동물이에요. 갑옷 같은 단단한 뼈판이 머리와 가슴을 덮고 있었지요. 팔처럼 보이는 가슴지느러미도 있었어요. 미크로브라키우스는 번식을 위해 체내수정을 한 가장 오래된 생물이었다고 해요. 2014년 10월 19일 자 과학 학술지 〈네이처〉에 미크로브라키우스가 체

옆으로 뻗은 돌기로 짝짓기를 했어요.

미크로브라키우스
Microbrachius

분류 척추동물 판피류 미크로브라키우스과
크기 8cm
발견지/서식지 스코틀랜드
서식 환경 민물
이름의 뜻 작은 팔

제2장 고생대 / 데본기

내수정을 했다는 글이 발표되었어요. 플린더스대학의 고생물학자인 존 롱 교수의 연구 팀이 발견한 내용이었지요. 수컷은 꼬리 부근의 옆으로 길게 뻗은 돌기를 사용해 암컷과 짝짓기를 했던 것으로 추측되어요.

갑옷 같은 뼈판

턱

턱이 있는 가장 오래된 척추동물

식물에 숨어서 사냥하는
팔라이오카리누스

　팔라이오카리누스는 땅거미의 친척으로, 땅거미처럼 숨어서 먹잇감을 기다리다가 순식간에 덮쳐서 사냥했어요. 땅거미는 땅에 숨어 있지만, 팔라이오카리누스는 식물에 숨어 있는 점이 달랐지요. 거미줄을 만들지 못했기 때문에, 오늘날의 거미처럼 거미줄로 먹이를 잡는 대신 재빠르게 움직여서 먹이를 잡아먹었을 거라고 해요.

날카로운 이빨로 먹이의 숨통을 끊어요.

날카로운 이빨

팔라이오카리누스
Palaeocharinus

분류　거미류 팔라이오카리누스과
크기　1cm 미만
발견지/서식지　서유럽
서식 환경　땅
이름의 뜻　오래된 카리누스

제2장 고생대 / 데본기

팔라이오카리누스는 멸종된 *무편류 무리에 속했고, 이빨이 날카로운 육식 생물이었어요. 배에는 마디가 있었지요. 특히 얇은 주름이 책장이 겹쳐진 것처럼 쌓여 있는 책허파라는 호흡기관이 있어서 오래전부터 땅 위에서 살았어요.

배에 있는 마디

책허파 덕분에 땅에서 살 수 있었어요.

*무편류: 긴 채찍 모양의 털처럼 생긴 세포 기관인 편모가 없는 종류

기묘한 삼엽충
에르베노킬레

가슴의 가시

 탑처럼 생긴 기묘한 겹눈이 머리 양쪽에 높이 솟아 있었어요. 겹눈 위에는 조금 튀어나온 돌출부가 있었는데, 이것이 눈부심을 막는 가리개 역할을 했던 것 같아요. 그 덕분에 낮에 활동할 수 있었을 거라고 해요.
 가슴은 11개로 나뉘어 있었으며, 가시가 세로로 늘어서 있었어요. 앞쪽의 가시는 컸고, 꼬리 쪽에는 가시가 없었어요.
 에르베노킬레의 화석은 모로코와 알제리에서 발견되었어요.

제2장 고생대 / 데본기

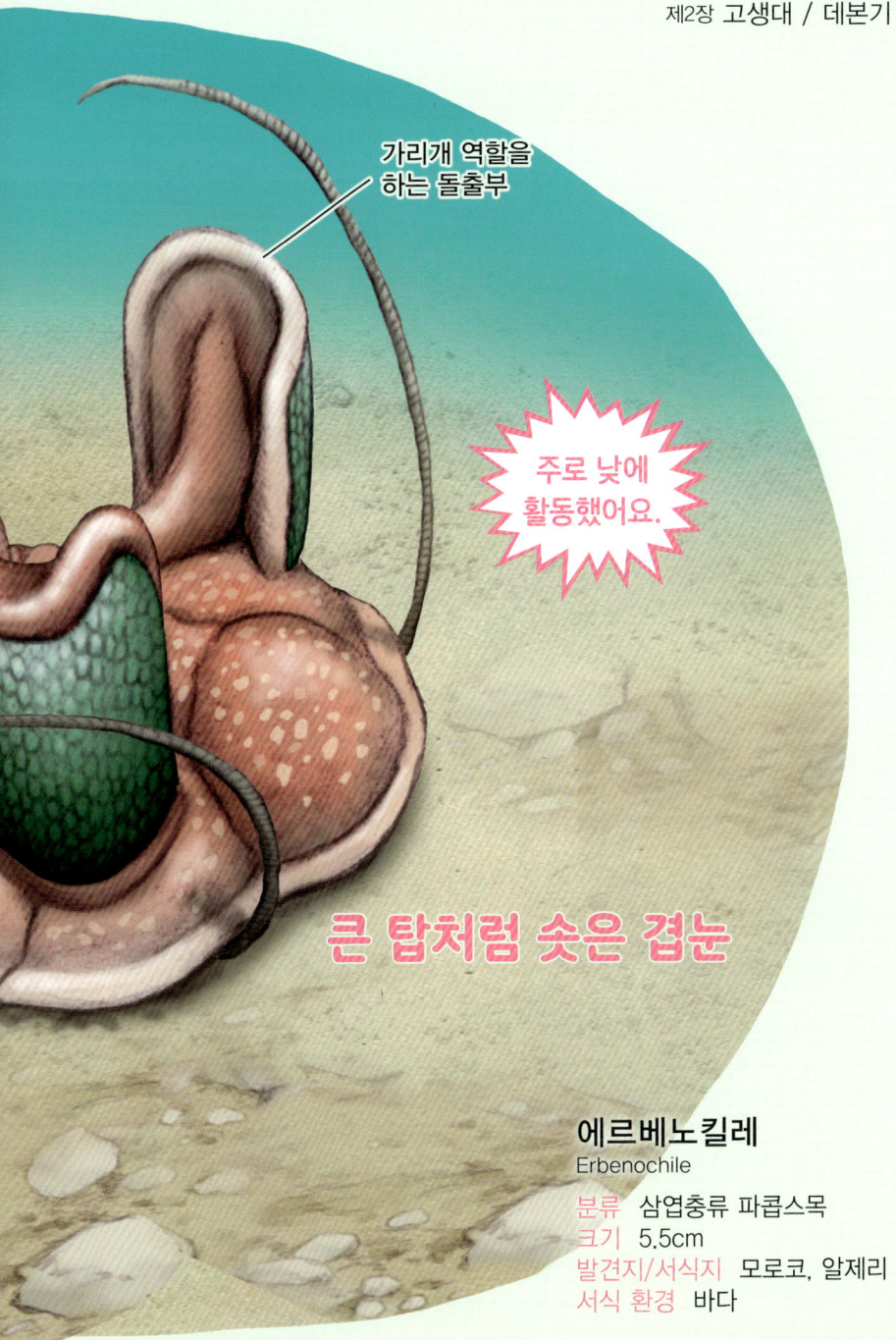

가리개 역할을
하는 돌출부

주로 낮에
활동했어요.

큰 탑처럼 솟은 겹눈

에르베노킬레
Erbenochile

분류 삼엽충류 파콥스목
크기 5.5cm
발견지/서식지 모로코, 알제리
서식 환경 바다

가장 오래된 민물고기
에리바스피스

 등에 돋아난 삼각형 뿔과 머리에 튀어나온 삼각형 뿔이 인상적인 물고기예요. 머리에서 가슴까지는 납작한 삼각형 모양의 외골격으로 덮여 있었어요.
 이 물고기의 가장 큰 특징은 세계에서 가장 오래된 민물고기라는 점이에요. 이전까지 물고기는 바다에서만 살았거든요.

에리바스피스
Errivaspis

분류 척추동물 무악류
크기 20cm
발견지/서식지 영국, 벨기에
서식 환경 민물

등의 뿔

머리의 뿔

**신장과 강한 외골격으로
민물에 적응한 물고기**

제2장 고생대 / 데본기

바닷물과 민물의 가장 큰 차이는 소금기가 있느냐, 없느냐 하는 거예요. 물은 소금기가 적은 쪽에서 많은 쪽으로 이동하기 때문에, 바닷물고기가 민물에 들어가면 소금기가 많은 몸 안으로 수분이 들어오게 돼요. 수분이 너무 많아지면 물고기의 몸은 터져 버리고 말겠지요? 에리바스피스는 신장을 거쳐 오줌으로 소금기를 내보내 이 문제를 해결했어요.

소금기를 몸 밖으로 내보냈어요.

아칸토스테가
Acanthostega

분류 육기어류
크기 67cm
발견지/서식지 그린란드
서식 환경 강
이름의 뜻 가시가 있는 지붕

땅에 올라가지 못한 육기어류
아칸토스테가

척추동물은 진화할수록 발가락 개수가 줄어들어요. 그런데 아칸토스테가는 앞 발가락이 8개나 있는 육기어류였어요. 육기어류는 어류의 한 분류로 통통한 지느러미를 지닌 어류예요. 발이 있기는 했지만 관절을 자유롭게 움직일 수 없어 육지에서 지내기 어려웠을 것으로 보여요. 아마도 일생을 물속에서 생활했을 것으로 추정돼요. 과학자들은 아칸토스테가가 발견되기 전까지 다리와 발의 진화가 육지에서 이루어졌다고 생각했지만, 아칸토스테가가 발견되면서부터 물속에서 네발동물의 특징들이 진화했음이 밝혀졌지요.

별을 닮은 생물
미메타스테르

미메타스테르는 6개의 가시가 뻗어 나온 모습이 마치 별처럼 생긴 생물이에요. 그래서 별을 닮았다는 뜻의 이름을 갖게 되었지요. 그리고 양옆으로 다시 가느다란 가시가 돋아 있었어요. 이 가시는 포식자의 눈을 속이는 역할을 했던 것 같아요. 캄브리아기에 서식했던, 머리에 가시가 난 마렐라의 친척이에요.

미메타스테르
Mimetaster hexagonalis

분류 절지동물
크기 5cm
발견지/서식지 독일
서식 환경 바다
이름의 뜻 별처럼 생긴 것

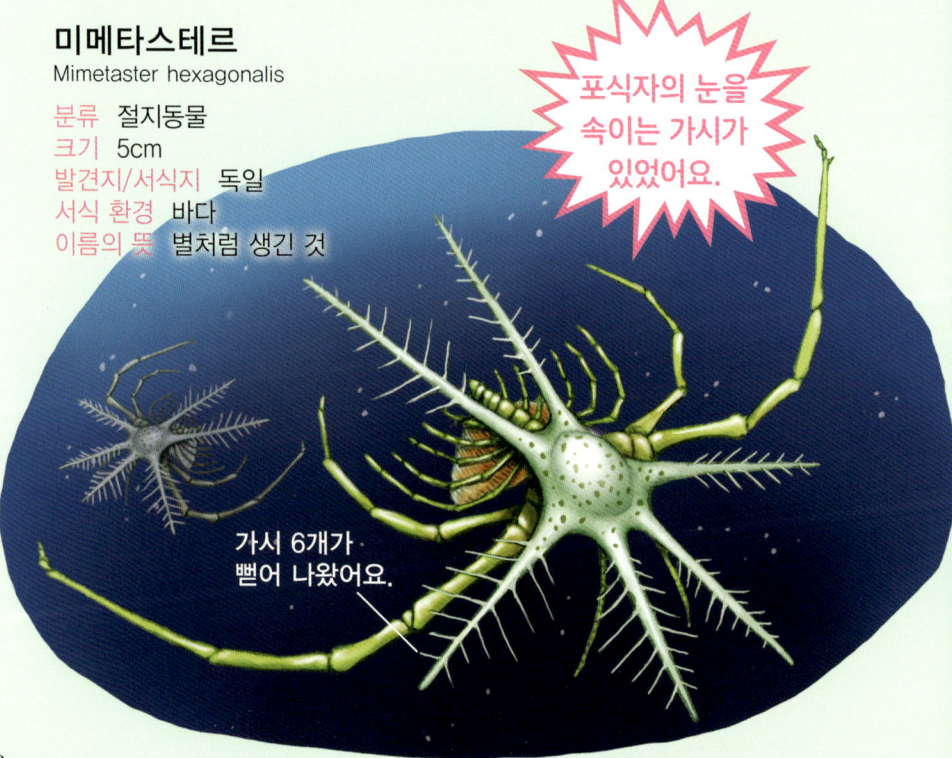

포식자의 눈을 속이는 가시가 있었어요.

가시 6개가 뻗어 나왔어요.

제2장 고생대 / 데본기

헬리안타스테르
Heliantaster

분류 극피동물문 불가사리강 헬리안타스테르과
크기 50cm
발견지/서식지 독일
서식 환경 바다
이름의 뜻 태양을 닮은 별

뻗어 나온 16개의 팔

태양을 닮았어요.

16개의 팔이 있는 불가사리
헬리안타스테르

보통 불가사리는 팔이 5개인데, 헬리안타스테르는 리본처럼 뻗어 나온 얇은 팔이 16개나 있었어요. 팔 여러 개가 한가운데에서 뻗은 모습이 마치 이글거리는 태양처럼 보였지요.

몸길이는 50cm로, 상당히 큰 불가사리에 속했어요. 입 주위에서 거미불가사리 화석이 발견된 것으로 보아 육식 동물이었을 것으로 추정돼요.

고생대

석탄기
(3억 5,890만 년 전~2억 9,890만 년 전)

이름 그대로 석탄이 많이 생겨난 시대예요. 석탄기에는 데본기에 생긴 유라시아 대륙과 남반구의 거대한 곤드와나 대륙이 부딪혀서 판게아 대륙이 탄생했어요. 그 과정에서 적도 부근에 산맥이 만들어졌는데, 비가 내리면서 산맥 안쪽에 습지대가 생겼어요.

이 습지대에 거대한 숲이 생겨나면서 식물이 크게 번성하게 되었지요. 키가 30m에 이르는 봉인목과 양치식물도 자라기 시작했어요. 바로 이 식물들이 오늘날 영국의 잉글랜드나 웨일스 지방을 비롯해 세계 곳곳에서 석탄이 되었어요. 석탄은 훗날 영국에서 일어난 산업 혁명을 뒷받침했지요.

데본기에 등장한 양서류는 석탄기에 더욱 번성했어요. 또한 원시적인 파충류나 포유류로 이어지는 단궁류도 나타났어요.

석탄기 전기에는 기후가 비교적 따뜻했지만, 후기로 갈수록 대륙 이동의 영향을 받아 남반구에 거대한 빙하가 생기기도 했어요.

스파티케팔루스◀
'호미의 머리'라는 뜻의 이름을 지닌 양서류예요.
석탄기에는 여러 종류의 양서류가 등장했어요.

제2장 고생대 / 석탄기

숲을 이루던 나무들이
땅에 묻혀 석탄이 된 시대

한편, 적도 부근에 생긴 거대한 숲에서 곤충들이 많이 나타났어요. 거대한 잠자리나 바퀴벌레도 등장했는데, 아직 천적이 나타나기 전이어서 크게 번성했지요.

다양한 종류의 양서류 등장!

절지동물 가운데 가장 큰
아르트로플레우라

아르트로플레우라
Arthropleura

분류   다족류 노래기류
크기   2m
발견지/서식지   북미, 유럽
서식 환경   땅
이름의 뜻   마디로 된 옆구리

숲에서 살았어요.

몸길이 2m, 폭 45cm

발자국 화석이 발견된 거대한 동물

제2장 고생대 / 석탄기

아르트로플레우라를 실제로 만난다면 무척 무서울 거예요. 양치식물 숲에 살던 노래기의 친척으로, 몸길이 2m에 폭이 45cm나 되는 아주 거대한 절지동물이었거든요. 소화 기관으로 보이는 화석에서 식물 포자가 아주 많이 발견되어 식물을 먹고 살았을 것으로 추측되어요.

당시의 대기가 오늘날보다 산소 농도가 2배 정도 높았고, 아르트로플레우라를 위협하는 천적의 수도 적어 몸집이 거대해졌을 것으로 추정돼요. 커다란 발자국 화석도 발견되고 있지요. 몸의 마디는 약 30개나 되었어요. 또 쌍을 이루는 다리는 마디보다 약 1.3배 정도 많았어요. 이것은 오늘날 노래기류의 특징과 같아요.

약 30개나 되는 마디

81

곤충 가운데 가장 큰
메가네우라

날개를 펼쳤을 때 크기가 70cm에 이르는 역사상 가장 큰 곤충이에요. 날 수 있는 절지동물 중에서는 메가네우라가 가장 컸다고 해요. 메가네우라는 크기가 거대해서 다른 곤충이나 작은 양서류도 잡아먹었을 것으로 여겨져요.

석탄기의 곤충들은 대부분 크기가 컸는데, 그 이유를 산소 농도가 높았기 때문이라고 말하는 과학자들도 있어요.

메가네우라는 잠자리처럼 생겼지만, 날개 모양의 자잘한 부분이 오늘날의 잠자리와는 달라요.

영국을 비롯해 유럽 곳곳에서 화석이 발견되는 것을 보면 폭넓게 분포했던 것 같아요.

날 수 있는 절지동물 중에서 가장 커요.

제2장 고생대 / 석탄기

거대한 잠자리류

70cm의 날개 폭

잠자리와 다른 날개 모양

메가네우라
Meganeura

분류 곤충류 메가네우라과
크기 날개를 펼친 길이가 60~70cm
발견지/서식지 유럽
서식 환경 땅
이름의 뜻 거대한 신경

양서류가 되기 직전의 강력한 포식자

아주 큰 올챙이
크라시기리누스

 몸길이가 2m에 달하는, 거대한 올챙이처럼 생긴 생물이에요. 크라시기리누스는 머리가 크고 몸이 길며, 꼬리는 넓적했어요. 다리는 커다란 몸에 어울리지 않게 매우 짧았지요. 양서류가 되기 직전의 네발 달린 동물이지만, 앞다리가 짧아서 땅 위를 걷지는 못했다고 해요.

 주로 밤에 활동하거나 어두컴컴한 늪에 적응하며 눈이 발달한 것으로 보여요. 강력한 포식자답게 큰 턱에 날카로운 이빨이 나 있었지요.

제2장 고생대 / 석탄기

크라시기리누스
Crassigyrinus

분류 육기어류 크라시기리누스과
크기 2m
발견지/서식지 스코틀랜드
서식 환경 물속
이름의 뜻 두툼한 올챙이

긴 몸

늪에서도 잘 볼 수 있었어요.

짧은 앞다리

큰 입과 날카로운 이빨

톱상어와 쌍둥이?
반드링가

반드링가는 오늘날의 톱가오리나 톱상어와 많이 닮은 생물로, 약 3억 900만 년 전에 살던 작은 상어예요. 주걱처럼 생긴 기다란 코는 몸길이의 절반을 차지할 정도로 길었다고 해요. 이 코가 레이더 역할을 해서 진흙 속에 숨어 있는 먹이를 찾을 수 있었어요.

다 자란 성체의 크기가 1m 정도였을 것이라고 해요. 화석이 얕은 바다에 생긴 지층과 민물 지층에서 발견된 것으로 보아, 새끼일 때는 얕은 바다에서 지내다가 다 자란 뒤에는 민물로 이동했을 것으로 추정돼요.

주걱처럼 생긴 코끝

반드링가
Bandringa

분류 척추동물 연골어류
크기 10cm(새끼 화석)
발견지/서식지 북미
서식 환경 바다, 민물

제2장 고생대 / 석탄기

힐로노무스
Hylonomus

분류 파충류 로멜리아류
크기 20cm
발견지/서식지 북미
서식 환경 땅
이름의 뜻 숲에서 사는 생물

땅에서 알을 낳았어요.

양막이 있는 알을 낳은
힐로노무스

 힐로노무스는 도마뱀처럼 생긴 최초의 파충류예요. 곤충을 주로 먹고 살았을 것으로 보여요. 40여 개의 작고 날카로운 이빨이 있었는데, 특히 더 길게 진화한 앞니로 곤충을 편리하게 사냥했다고 해요.
 힐로노무스를 양서류에서 갓 진화한 초기의 파충류로 보기도 하는데, 그를 뒷받침하는 특징 중 하나가 힐로노무스가

제2장 고생대 / 석탄기

도마뱀처럼 생겼어요.

곤충을 잡아먹고 살았어요.

도마뱀을 닮은 힐로노무스

땅에서 알을 낳았다는 것이에요. 힐로노무스는 양막이 있는 알을 낳은 덕분에 땅에서도 알이 마르지 않고 보존될 수 있었지요. 이전의 양서류가 양막이 없는 알을 낳아 물속에서 알을 낳고 다 자란 뒤에 땅으로 올라간 것과는 차이가 있어요. 과학자들은 힐로노무스를 양막이 있는 알을 낳은 최초의 동물로 추측하고 있답니다.

고생대

페름기
(2억 9,890만 년 전~2억 5,190만 년 전)

 석탄기가 끝나 갈 무렵, 거대한 대륙 판게아가 탄생했어요. 페름기 전기에는 추워서 남반구에 아주 넓은 빙하가 생겼어요. 중기에 이르러서는 점차 따뜻해졌고, 후기에는 대륙 안쪽이 건조해졌던 것으로 추측되어요.

 페름기는 단궁류의 시대예요. 단궁류란 나중에 포유류로 진화한 네발 동물을 말해요. 자세히 말하면 머리뼈의 눈구멍 뒤쪽에 있는 구멍이 하나밖에 없는 생물이에요. 포유류도 단궁류이지요. 페름기에 번성한 단궁류인 디메트로돈의 친척 중에서 포유류의 조상이 탄생했답니다.

 식물은 양치 종자류나 글로소프테리스 등의 겉씨식물이 번성했어요. 바닷속에는 산호초가 많아지고, 상어 종류가 늘어나는 등 여러 가지 생물이 등장했지요. 또한, 양서류 중에서도 생태계의 꼭대기에 자리할 만큼 크고 강한 생물이 나타났답니다.

프리오노수쿠스◀
현재 알려져 있는 양서류 가운데 가장 큰 생물이에요.
몰래 숨어 있다가 악어처럼 커다란 입을 벌려 먹이를 낚아챘어요.

사상 최대로 수많은 생물이 대량 멸종한 페름기 말기

 파충류의 종류도 다양해졌어요. 페름기에는 수많은 종류의 생물들이 나타났지만, 말기에 대량 멸종이 발생해서 바다에 사는 무척추동물의 80%가 사라졌어요. 삼엽충은 멸종했고, 암모나이트류도 세라타이트류 등 한두 종만 남았어요. 땅에 사는 동물들도 많이 멸종했지요.

악어를 닮은, 역사상 가장 컸던 양서류

디메트로돈
Dimetrodon

분류 단궁류 스페나코돈과
크기 3.5m
발견지/서식지 북미, 유럽
서식 환경 땅
이름의 뜻 두 종류의 이빨

페름기를 대표하는 생물!

날카로운 이빨

등에 솟아난 높은 돛
디메트로돈

페름기를 대표하는 단궁류인 디메트로돈은 등에 높이 솟은 거대한 아치 모양의 돛이 가장 큰 특징이에요. 높이 솟은 돛은 등뼈의 돌기 일부에 피부가 붙어서 생긴 것으로 보여요. 이 돛은 체온을 조절하는 역할을 했을 거라고 해요.

제2장 고생대 / 페름기

등에 솟은
아치 모양의 돛

**날쌔게 움직여
먹이를 잡아먹었어요.**

입 앞쪽에 있는 이빨은 크고 날카로운 데 비해 양옆으로 뒤쪽에 있는 이빨은 작고 뾰족했어요. '두 종류의 이빨'이라는 뜻의 '디메트로돈'이라는 이름도 여기서 유래했어요.
날카로운 이빨로 먹이를 잡아먹고 행동도 재빨라 작은 초식 동물에게는 무서운 포식자였어요.

물갈퀴

물속 생활에 알맞은 생김새

▲▲▲▲▲▲▲▲▲
물속에 적응한 최초의 파충류

메소사우루스

　파충류의 진화 과정 가운데 물속에서 땅으로 진출한 뒤, 시간이 흐르며 다시 땅에서 물속으로 되돌아간 파충류들이 있었어요. 메소사우루스는 물속으로 돌아간 최초의 파충류들 중 하나예요. 몸이 물의 저항을 줄여 주는 유선형이어서 물속을 자유롭게 헤엄쳐 다녔지요. 발가락 사이에 물갈퀴가 있

제2장 고생대 / 페름기

메소사우루스
Mesosaurus

분류 단궁류 메소사우루스과
크기 1m
발견지/서식지 남미, 남아프리카
서식 환경 소금기가 많은 호수
이름의 뜻 중간 도마뱀

유선형의 몸

가늘고 긴 이빨

배 속에 태아를 품은 화석이 발견되었어요.

어서 물속을 자유롭게 돌아다녔을 거예요.

한편, 배 속에 태아를 품은 성체 화석이 여럿 발견되어 새끼를 낳는 방식으로 번식했을 것으로 추측되어요. 메소사우루스의 화석은 남아프리카와 남미에서 발견되었는데, 이것은 옛날에 두 대륙이 하나였다는 증거가 된답니다.

머리가 부메랑처럼 생긴
디플로카울루스

 디플로카울루스는 머리가 부메랑처럼 생겼어요. 어릴 때는 머리가 작았지만 자라면서 점점 커졌을 것으로 보여요.
 머리가 특이하게 생긴 이유로 몇 가지 주장이 있어요. 자신을 지키기 위해서, 짝을 찾기 위해서, 물에 뜨기 위해서라는 주장 등이 있지요.
 현재로서는 물속에서 생활하는 데 알맞게 진화했을 거라고 보는 의견이 가장 유력해요. 물속에서 헤엄칠 때 머리가 날개 같은 역할을 했을 것으로 보기도 해요.
 디플로카울루스는 머리와 몸이 납작해서 물속에서 생활하기에 유리했을 거예요. 특히 독특하게 생긴 넓은 머리는 포식자들이 삼키기 어려워, 포식자들로부터 몸을 지키기 위한 용도로 쓰였을 것으로 추정되기도 해요.

**헤엄을 잘 치는 데 유리한
부메랑 모양의 머리**

제2장 고생대 / 페름기

디플로카울루스
Diplocaulus

분류 양서류 디플로카울루스과
크기 60cm
발견지/서식지 북미, 모로코
서식 환경 강, 호수
이름의 뜻 접혀 있는 두 줄기

납작한 몸
부메랑 모양의 머리
머리 위에 달린 눈
잡아먹기 어려운 넓적한 머리

머리는 작고 몸은 거대한
코틸로린쿠스

코틸로린쿠스
Cotylorhynchus

- 분류 단궁류 카세아과
- 크기 3.5m
- 발견지/서식지 북미, 이탈리아
- 서식 환경 땅
- 이름의 뜻 '잔 모양을 한 주둥이'를 뜻하는 그리스어에서 유래

움직임이 둔한 초식 동물

작은 머리
거대한 몸
커다란 콧구멍

제2장 고생대 / 페름기

 코틸로린쿠스는 머리와 몸의 균형이 맞지 않는 단궁류예요. 드럼통처럼 생긴 큰 몸에 비해 머리가 아주 작았지요. 그리고 작은 머리에 비해 콧구멍이 무척 컸던 모양이에요. 몸집이 컸던 이유는 체온을 유지하기 위해서였다고 해요.
 초식 동물이었던 코틸로린쿠스는 많은 식물을 먹은 뒤 천천히 발효시키며 소화했을 것으로 추측되어요. 가늘고 긴 이빨로 주로 양치식물을 뜯어 먹었던 것 같아요.
 움직임은 둔했지만 몸집이 무척 커서 다른 동물에게 공격받는 일은 별로 없었다고 해요.

몸집이 커서
공격받지 않은 동물

페름기 후기의 최강자
리카에놉스

리카에놉스는 송곳니가 아주 크고 길었어요. 이 송곳니로 먹이를 사냥했을 거예요. 단궁류 중에서 *수궁류에 속하고, 수궁류에서도 포유류에 더 가까운 동물이에요. 페름기 후기 생태계의 최강자였을 거라고 해요.

리카에놉스
Lycaenops

- 분류 수궁류 고르고놉스과
- 크기 1m
- 발견지/서식지 남아프리카
- 서식 환경 땅
- 이름의 뜻 '늑대처럼 생긴 얼굴'을 뜻하는 그리스어에서 유래

송곳니가 날카로워요.

긴 송곳니

걷기 쉽게 생긴 다리

*수궁류: 단궁류에 딸린 동물들 중 포유류에 더 가까운 동물들로, 포유류의 조상들이 수궁류에 속해요.

제2장 고생대 / 페름기

프로벨로사우루스
Provelosaurus

분류 파충류 파레이아사우루스과
크기 2.5m
발견지/서식지 남미
서식 환경 땅

식물을 소화하기 위해 몸이 커졌어요.

뼈로 된 돌기

판 모양 돌출부

돌기가 온몸을 뒤덮은

프로벨로사우루스

　프로벨로사우루스는 원시적인 파충류로, 뼈로 된 돌기가 온몸을 덮고 있어요. 뺨에도 판 모양으로 튀어나온 부분이 있었고, 머리뼈의 크기는 35cm나 되었답니다. 몸집이 둥글고 큰 이유는 딱딱한 식물을 소화하는 데 필요한 내장이 아주 커다랗고 길었기 때문이었을 거라고 해요.

제3장

중생대

 페름기 말, 지구 역사상 가장 많은 생명이 대량으로 멸종한 뒤부터 파충류는 전성기를 맞이했어요. 드디어 공룡의 시대인 중생대가 시작되었지요. 중생대 바다에서는 삼엽충을 대신해 암모나이트가 크게 번성했어요. 연대로는 약 2억 5,190만 년 전부터 약 6,600만 년 전까지로, 거의 1억 8,600만 년 동안 이어졌지요. 고생대와 신생대의 중간 단계에 해당하는 생물이 나타나서 중생대라는 이름이 붙었답니다.

 중생대는 트라이아스기, 쥐라기, 백악기로 나뉘며 기후가 매우 따뜻했어요. 그 덕분에 식물이 무성하게 자랐고 공룡은 더욱 거대해졌지요. 공룡을 조상으로 하는 조류도 등장했고 속씨식물도 나타났어요.

고생대에 등장했던 단궁류 가운데 포유류로 진화하지 못한 동물은 중생대에 멸종했어요. 그리고 6,600만 년 전에 거대한 운석이 지구에 떨어져 공룡을 비롯한 대부분의 생물이 사라지면서 중생대는 막을 내렸답니다.

중생대

트라이아스기

(약 2억 5,190만 년 전~2억 130만 년 전)

　공룡의 시대인 중생대의 시작은 바로 트라이아스기예요. 트라이아스기 후기에는 거대한 대륙 판게아가 나뉘기 시작했어요.
　트라이아스기에는 날씨가 점점 따뜻해지면서 기온이 높아졌어요. 여름에는 비가 많이 내렸고, 겨울에는 건조한 날씨가 이어졌지요. 파충류가 크게 번성해서 하늘에는 익룡이 날아다니고, 바다에는 어룡이 헤엄쳐 다녔어요. 땅에는 공룡이 등장했답니다.
　하늘에는 1m 크기의 에우디모르포돈이나 50cm 크기의 프레온닥틸루스 등의 익룡이 있었고, 바다에는 초기의 카르토린쿠스나 일본에서 발견된 우타츠사우루스 등의 어룡이 있었어요. 트라이아스기 후기에는 공룡이 등장했어요. 몸집이 작은 에오랍토르와 몸길이가 18m나 되는 레셈사우루스 등이 있었지요.
　판게아에서 위도가 낮은 내륙 지역에는 건조한 사막이 넓게 펼쳐졌던 듯해요. 페름기의 대량 멸종을 피한 식물들은 건조한 곳을 피해 따뜻한 해안가에서 살아갔어요.

에오랍토르 ◀
앞다리가 뒷다리보다 짧아 두 발로 걸어 다녔어요.
몸집이 작고, 이빨이 날카로우며 잡식성이었어요.

제3장 중생대 / 트라이아스기

지구가 따뜻해지자 전성기를 맞은 공룡 등의 파충류

페름기에는 양치 종자식물이 번성했지만 중생대에는 은행나무 등의 겉씨식물이 점차 많아졌어요. 또한 페름기에 번성했던 대형 단궁류가 멸종하면서 소형 단궁류가 나타났어요. 그 가운데에서 포유류가 탄생했지만, 당시의 생태계에서 포유류의 존재감은 아주 미미했답니다.

몸집이 작지만, 날카로운 이빨을 지닌 공룡의 조상

10개의 목뼈

목이 아주 긴 파충류
타니스트로페우스

  타니스트로페우스는 목의 길이가 몸길이의 3분의 2나 될 정도로 목이 아주 길었어요. 하지만 긴 목에 비해 목뼈는 고작 10개밖에 없어서, 화석이 발견되었을 때 목뼈를 다리뼈로 착각했을 정도였답니다.

  긴 목 때문에 땅에서는 걷기 힘들어서 주로 물속에서 살았을 것으로 추측되어요. 앞발은 연약한 반면, 뒷다리는 길고 발에 물갈퀴가 있었다고 해요. 다만, 헤엄을 잘 치지 못해서 몰래 숨어 있다가 물고기를 잡아먹었을 거라고 해요.

제3장 중생대 / 트라이아스기

목이 길어서 물속으로 돌아간 동물

어릴 때는 땅에서, 다 크면 물속에서 살았어요.

연약한 앞발

물갈퀴가 달린 뒷다리

타니스트로페우스
Tanystropheus

분류 파충류 타니스트로페우스과
크기 3~6m
발견지/서식지 유럽, 중국
서식 환경 물과 땅
이름의 뜻 긴 척추

날개 달린 파충류
롱기스쿠아마

 예전에는 이 파충류를 '새의 조상'이라고 주장하는 학자도 있었지만, 지금은 이에 반대하는 의견이 많아졌어요. 롱기스쿠아마는 새의 조상인 시조새보다 무려 7,500만 년이나 일찍 등장했어요. 시조새가 나타나기 훨씬 이전에 날개 달린 동물이 있었다니 놀라운 일이지요. 날개는 등에 있는 볼록한 돌기에서 나온 것으로 추측되어요. 날개의 구조는 새의 날개와 같았어요. 롱기스쿠아마는 나무에서 뛰어내릴 때 날개를 펼쳐 마치 낙하산처럼 사용했던 것 같아요. 날아다니기보다는 공작새처럼 짝에게 자신을 뽐내기 위해 날개를 사용했다는 주장도 있어요.

롱기스쿠아마
Longisquama

분류 파충류
크기 15~25cm
발견지/서식지 중앙아시아
서식 환경 땅
이름의 뜻 긴 비늘

제3장 중생대 / 트라이아스기

돌기에서 나온 날개

날개를 낙하산처럼 사용했어요.

시조새보다 7,500만 년 앞선 날개

턱이 발달해 엄니가 된
플라케리아스

플라케리아스의 뾰족한 엄니는 사실 이빨이 아니라 날카로운 턱이에요. 보통은 송곳니가 자라서 엄니가 되지만, 플라케리아스는 턱이 튀어나와 엄니가 되었지요. 스타레케리아과 동물들 중에는 턱이 발달한 것들이 많은데, 턱이 엄니로 변한 것은 플라케리아스뿐이에요.

무리를 지어 살았을까?

턱이 발달해서 변한 엄니

하마처럼 물속과 땅을 오가며 살았던 동물

제3장 중생대 / 트라이아스기

먼 옛날 강이나 호수였던 곳에서 화석이 많이 발견되는 것으로 보아, 오늘날의 하마처럼 땅과 물속을 왔다 갔다 하며 살았을 것으로 보여요. 화석이 같은 장소에서 여러 개 발견되는 것으로 볼 때 무리를 지어 살았을 거예요. 주로 풀뿌리나 어린잎을 먹고 살았을 것이라고 해요.

나무통처럼 두툼하고 1톤이 넘는 거대한 몸

플라케리아스
Placerias

분류 단궁류 스타레케리아과
크기 3m
발견지/서식지 북미
서식 환경 물과 땅
이름의 뜻 폭이 넓은 몸통

아주 작은 초기의 익룡

커다란 날개

드문드문 난 이빨

프레온닥틸루스
Preondactylus

분류 파충류 익룡목
크기 날개를 펼친 길이가 45cm
발견지/서식지 이탈리아
서식 환경 땅
이름의 뜻 프레오네 계곡의 발가락

하늘을 나는 척추동물의 친척
프레온닥틸루스

트라이아스기 후기에 하늘을 날던 익룡이에요. 초기의 익룡으로, 발견된 익룡 중에서는 가장 작아요. 척추동물의 친척인 이 익룡은 날개를 펼친 길이가 45cm밖에 안 되었어요.

턱은 둥글고 날카로우며 이빨은 드문드문 나 있었는데, 주로 물고기나 곤충을 잡아먹었던 것 같아요. 이탈리아 우디네 지역의 프레오네 계곡에서 화석이 발견되었지요.

제3장 중생대 / 트라이아스기

퍼즐처럼 생긴 봉합선
케라티테스

 캐나다부터 중국, 이탈리아에 이르기까지 트라이아스기에 전 세계 바다 곳곳에서 살았던 암모나이트예요. 발견된 껍데기에는 볼록 튀어나온 부분과 퍼즐처럼 생긴 봉합선이 있었어요. 봉합선은 암모나이트 표면에 보이는 선으로 암모나이트의 진화 정도를 파악할 수 있는 중요한 역할을 해요. 시간이 흐르며 형태가 복잡하게 진화했지요.

봉합선처럼 보이는 부분

볼록한 부분

세계 곳곳의 바다에서 번성했어요.

케라티테스
Ceratites

분류 연체동물 두족류
크기 10cm 이상
발견지/서식지 세계 여러 곳
서식 환경 얕은 바다

113

중생대

쥐라기

(2억 130만 년 전~1억 4,500만 년 전)

거대한 대륙 판게아가 둘로 나뉘면서 북쪽은 로라시아로, 남쪽은 곤드와나로 불리게 되었어요. 쥐라기 당시에는 두 대륙만 있었지만 나중에 로라시아는 북아메리카와 유라시아로 나뉘고, 곤드와나는 남아메리카, 아프리카, 호주로 나뉘었어요.

쥐라기에는 판게아가 나뉘면서 잠시 추워졌지만, 그 뒤로 화산 활동이 활발해지면서 이산화탄소가 늘어나 날씨가 따뜻해졌다고 해요. 이렇게 따뜻한 열대성 날씨는 계속 이어졌지요.

트라이아스기 말에는 대량 멸종이 일어나서 단궁류나 암모나이트류, 코노돈트, 조개류가 큰 타격을 입었어요. 하지만 쥐라기가 되자 넓은 산호초 바다가 만들어지면서 암모나이트와 조개류가 다시 생겼어요. 바다에는 어룡이나 수장룡이 크게 번성했지요. 한편, 땅 위에서는 거대해진 겉씨식물을 먹고 공룡들도 더욱 거대해졌어요. 하늘은 익룡이 지배했답니다.

수페르사우루스 ◀
쥐라기 후기에 나타난 거대한 공룡이에요.
몸길이가 33m에 목의 길이만 12m인 초식 공룡이에요.

제3장 중생대 / 쥐라기

거대해진 식물을 먹고
거대해진 공룡

쥐라기의 대표적인 공룡으로 유명한 것은 스테고사우루스나 알로사우루스예요. 조류의 조상도 이 시기에 등장했어요. 시조새로 몸길이가 30cm에서 50cm에 이르러요.

몸길이가 33m인 거대한 공룡, 목의 길이만 12m나 되었어요.

쥐라기 바다의 강력한 사냥꾼
리오플레우로돈

뛰어난 시력

날카로운 이빨

빠른 속도로 헤엄쳤어요.

리오플레우로돈
Liopleurodon

분류 파충류 플리오사우루스과
크기 9~15m
발견지/서식지 유럽
서식 환경 바다
이름의 뜻 매끄러운 옆면을 가진 이빨

제3장 중생대 / 쥐라기

빈틈없이 먹이를 잡아채는 무시무시한 수장룡이에요. 파충류 대부분이 물속에서는 콧구멍을 닫는데, 리오플레우로돈은 물속에서도 냄새로 먹이를 발견했던 것 같아요. 시력도 아주 좋았다고 해요. 또 튼튼한 턱을 보면 무는 힘이 강했을 것으로 추측되어요. 이 턱에는 날카로운 이빨이 나 있었어요. 커다란 입으로 사냥감을 물어 단숨에 숨통을 끊어 놓았을 것으로 보여요.

**사냥에 유리하게
진화한 수장룡**

117

쥐라기를 대표하는 암모나이트
닥틸리오케라스

 닥틸리오케라스는 쥐라기를 대표하는 암모나이트예요. 많은 사람들이 암모나이트라고 하면 닥틸리오케라스를 가장 많이 떠올릴 거예요. 이 암모나이트는 소용돌이 모양의 껍데기에 바퀴살처럼 수많은 선이 뻗어 있어요. 트라이아스기의 케라티테스 암모나이트가 진화하여 쥐라기의 닥틸리오케라스 암모나이트가 된 것으로 추측되어요.

 이 암모나이트는 세계 곳곳에서 발견되는데 종류도 아주 많아요. 쥐라기를 나타내는 대표적인 화석이 되었을 정도랍니다. 특히 상태가 잘 보존된 화석은 영국의 요크셔나 독일의 홀츠마덴 등에서 발견되었어요.

닥틸리오케라스
Dactylioceras

분류 연체동물 두족류
크기 지름 8cm
발견지/서식지 세계 여러 곳
서식 환경 바다
이름의 뜻 손가락뼈

제3장 중생대 / 쥐라기

전 세계에서 화석이 발견 되었어요.

바큇살 무늬

가장 친숙한 암모나이트

역사상 가장 컸던 어류
리드시크티스

　리드시크티스는 역사상 가장 컸던 어류로 추측되어요. 머리뼈의 크기를 바탕으로 몸길이를 계산하면 최대 16.5m나 되었을 것으로 추정되어요. 거대한 덩치에 비해 움직이는 속도가 느리고 온순했어요. 입안에는 거름망 역할을 하는 작은 이빨이 4만 개가 넘게 있어 고래상어나 수염고래처럼 플랑크톤을 먹고 살았다고 해요.

4만 개가 넘는 작은 이빨

리드시크티스
Leedsichthys

분류 경골어류 파키코르무스과
크기 11~16.5m
발견지/서식지 유럽, 남미
서식 환경 바다
이름의 뜻 화석을 발견한 '리즈(Leeds)'의 물고기

제3장 중생대 / 쥐라기

몸집은 컸지만 포식자에게 맞설 만한 무기는 없었어요. 악어의 친척인 메트리오린쿠스에게 물린 자국도 발견되었지요. 수장룡인 리오플레우로돈도 리드시크티스를 공격했다고 해요.

최대 16.5m의 몸길이

플랑크톤을 먹었어요.

몸집은 크지만 온순한 어류

우리 인간의 먼 조상?
쥬라마이아

 쥬라마이아는 우리 인간의 먼 조상이라고 해요. 쥬라마이아가 *유태반류 중에서 가장 오래된 동물이기 때문이에요. 포유류에는 캥거루 같은 *유대류를 비롯해 *단공류와 유태반류가 있어요. 유태반류와 유대류가 분리된 시기는 지금으로부터 약 1억 2,500만 년 전으로 여겨졌어요. 하지만 쥬라마이아가 발견되면서 그보다 3,500만 년 더 일찍 분리되었을 것으로 추정되어요.

 쥐라기는 공룡이 번성한 시대였어요. 아마도 쥬라마이아는 10cm의 작은 몸으로 나무 위에서 공룡을 피해 숨죽이며 살았을 거예요.

공룡을 피해 숨어 살았어요.

*유태반류: 새끼가 태반을 통해 영양분을 받아 자라는 포유류
*유대류: 태반이 불안정해 새끼가 주머니에서 자라는 포유류
*단공류: 알에서 태어나 젖을 먹고 자라는 포유류

제3장 중생대 / 쥐라기

쥬라마이아
Juramaia

분류 포유류
크기 약 10cm
발견지/서식지 중국
서식 환경 숲속 나무 위
이름의 뜻 쥐라기의 어머니

나무 위에서 생활

가장 오래된 유태반류예요.

유대류보다 작은 어금니

123

대형 공룡이 나타났던 시대
쥐라기의 공룡들

스테고사우루스
늘 인기가 많은 초식 공룡. 등에 거대한 골판이 달렸어요.

마멘키사우루스
몸길이가 22m에 달하는 아시아에서 가장 큰 초식 공룡. 목의 길이가 몸의 절반을 차지했어요.

제3장 중생대 / 쥐라기

디플로도쿠스
쥐라기 후기의 대형 초식 공룡.
긴 꼬리를 채찍처럼 휘둘렀어요.

크리올로포사우루스
앞머리를 올려 넘긴 듯한 부채 모양 볏이
특징인 육식 공룡이에요.

브라키트라켈로판
짧은 목이 특징인 초식 공룡.
낮은 곳에 있는 식물을
먹고 살았어요.

중생대

백악기
(1억 4,500만 년 전~6,600만 년 전)

백악기에는 대륙이 서서히 분리되면서 오늘날의 지구와 비슷한 모습을 갖추기 시작했어요. 이 시기는 따뜻해서 오늘날보다 기온이 10도 정도 높았다고 해요. 해수면이 높아지면서 오늘날보다 대륙 안쪽까지 바다가 넓게 이어져 있었어요.

한편, 속씨식물이 나타나기 시작해 세계 곳곳으로 퍼져 나갔어요. 겉씨식물은 지금과 거의 다름없는 것들이 나타나기 시작했답니다.

바다에서는 암모나이트가 진화해서 나선형 모양의 특이한 암모나이트가 나타났어요. 어룡류는 백악기 전기에 사라졌지요.

공룡은 크게 번성해서 티라노사우루스, 트리케라톱스, 안킬로사우루스 등 다양한 종류가 등장했어요. 참고로 공룡은 골반의 형태에 따라 조반목과 용반목으로 나눌 수 있어요. 조반목은 골반뼈 중에서 치골이 좌골과 나란히 뒤쪽으로 뻗어 있고, 용반목은 치골이 좌골과 반대 방향으로 뻗어 있어요.

티라노사우루스◀
역사상 가장 강했던 육식 공룡이에요.
강력한 턱과 날카로운 이빨로 초식 공룡의 숨통을 끊어 놓았지요.

제3장 중생대 / 백악기

지금보다 기온이 10도나 높았던 공룡이 번성한 시대

대륙이 나뉘면서 공룡들은 각 대륙의 환경에 적응하며 독자적으로 진화했어요. 하지만 6,600만 년 전에 거대한 운석이 지구와 충돌하면서 공룡은 멸종된 것으로 추측되어요. 그 뒤 포유류와 조류의 시대가 시작되었답니다.

강력한 턱으로 적을 위협하는 백악기 최강의 공룡

남쪽의 익룡
프테로다우스트로

긴 머리

무리 지어 새끼를 키웠어요!

1,000여 개의 가느다란 이빨

프테로다우스트로
Pterodaustro

분류 파충류 크테노카스마과
크기 날개를 펼친 길이가 2.5m
발견지/서식지 남미
서식 환경 땅
이름의 뜻 남쪽의 날개

제3장 중생대 / 백악기

빗처럼 줄지어 있는 촘촘한 이빨

프테로다우스트로는 아르헨티나와 칠레에서 발견되어서 '남쪽의 날개'라는 뜻의 이름이 붙었어요. 머리 길이가 23.5cm 정도로 매우 길고, 아래턱에는 바늘처럼 생긴 1,000여 개의 가느다란 이빨이 있었어요. 수염고래류처럼 물을 빨아들여 플랑크톤이나 작은 물고기를 잡아먹은 뒤 물을 걸러 내는 방식으로 먹이를 먹었던 것 같아요.

알과 함께 발견된 화석을 통해 무리를 지어 생활하며 새끼를 키웠을 것으로 추정해요.

공룡을 잡아먹은 포유류
레페노마우스

공룡 시대에 포유류는 강력한 포식자인 공룡을 피해 숨어 살았던 것으로 보여요. 쥐라기의 쥬라마이아처럼 말이지요. 힘이 약한 동물은 밤에 살그머니 일어나 먹이를 찾아다녀야만 했어요. 하지만 레페노마우스가 발견되면서 그 상식이 뒤집혔어요.

앞니가 날카로운 육식 동물

꼼짝없이 잡힌 새끼 프시타코사우루스

포유류가 약하다는 편견을 깬 동물

제3장 중생대 / 백악기

 한 화석에서 소화가 덜 된 프시타코사우루스의 새끼의 잔해가 함께 발견되었기 때문이에요. 포유류가 공룡의 새끼를 사냥해 잡아먹었던 것이지요.
 레페노마무스는 어금니가 없지만 날카로운 앞니가 있었어요. 턱 힘이 강해서 공룡의 새끼까지 사냥하는 육식 동물이었답니다.

레페노마무스
Repenomamus

분류 포유류 고비코노돈과
크기 최대 1m
발견지/서식지 중국
서식 환경 땅
이름의 뜻 파충류 같은 포유류

바다 도마뱀이라는 별명을 지닌
모사사우루스

 바닷속을 헤엄치면서 먹이를 사냥하는 모사사우루스의 별명은 바다 도마뱀이었어요. 바다거북, 암모나이트, 물고기까지 다양한 먹잇감을 사냥했지요. 상어와 비슷한 꼬리지느러미를 움직여서 먹잇감을 덮쳤답니다.

모사사우루스
Mosasaurus

- **분류** 포유류 모사사우루스과
- **크기** 10~17m
- **발견지/서식지** 서유럽, 북미, 일본
- **서식 환경** 바다
- **이름의 뜻** 뫼즈(Mease)강의 도마뱀. 최초 발견지인 네덜란드 뫼즈강에서 유래

바닷속 생물을 잡아먹는 거대한 파충류

제3장 중생대 / 백악기

모사사우루스는 악어처럼 커다란 입을 벌려 먹이를 한입에 삼켰어요. 강한 턱으로 커다란 먹이도 잘게 부수었지요. 이빨은 뒤쪽으로 휘어 있어서 한번 들어온 먹이는 입 밖으로 도망치지 못했어요. 그야말로 백악기 바다의 왕이었지요.
몸길이는 최대 17m로 서유럽과 북미, 일본에서 화석이 발견되었어요.

악어처럼 생긴 머리

백악기 바다의 왕

거대한 악어처럼 생긴
데이노수쿠스

데이노수쿠스
Deinosuchus

분류　파충류 크로커다일과
크기　8~10m
발견지/서식지　북미
서식 환경　강
이름의 뜻　무시무시한 악어

물가에 나타난 초식 공룡을 잡아먹은 파충류

제3장 중생대 / 백악기

데이노수쿠스의 몸길이는 8~10m에 이르렀어요. 오늘날 악어의 몸길이가 약 3m이므로 그야말로 엄청난 크기였지요. 머리뼈 길이도 1.8m나 되었어요. 데이노수쿠스의 무는 힘은 백악기 최고의 육식 공룡인 티라노사우루스에게도 뒤지지 않았다고 해요. 티라노사우루스의 무는 힘이 공룡들 가운데 최고였던 것을 생각하면 정말 대단하지요.

10m에 달하는 몸길이

티라노사우루스 처럼 무는 힘이 강했어요.

커다란 물고기를 삼킨 육식 어류
크시팍티누스

크시팍티누스는 백악기 후기에 살았던 가장 포악한 물고기 중 하나예요. 특이한 크시팍티누스의 화석이 발견된 적도 있어요. 미국 캔자스주에서 발견된 화석으로, 배 속에 통째로 삼킨 듯한 물고기가 들어 있지요. 잡아먹힌 물고기의 몸길이는 무려 2m나 되었어요.

물고기를 통째로 삼킨 대식가

거대한 송곳니
날개처럼 생긴 가슴지느러미
튼튼한 꼬리지느러미

크시팍티누스
Xiphactinus

분류 경골어류
크기 4.5~6.1m
발견지/서식지 미국, 유럽, 호주 등
서식 환경 바다
이름의 뜻 칼 지느러미

제3장 중생대 / 백악기

이크티오르니스
Ichthyornis

분류 조류 이크티오르니스류
크기 날개를 펼친 길이가 43cm
발견지/서식지 북미
서식 환경 바닷가
이름의 뜻 물고기 같은 새

뒷발에 달린 물갈퀴

긴 부리

부리에 이빨 같은 뼈가 있었어요.

부리에 이빨과 비슷한 뼈가 있는 새
이크티오르니스

 제비갈매기는 바닷속 물고기를 겨냥해 머리부터 물속으로 돌진하는 새예요. 이 제비갈매기와 닮은 새가 백악기에도 있었어요. 제비갈매기보다 몸집이 작은 이크티오르니스였지요. 이 둘의 가장 큰 차이점은 바로 부리예요. 제비갈매기의 부리에는 이빨이 없지만, 이크티오르니스의 부리에는 이빨과 비슷한 뼈가 있었어요. 그래서 한번 잡은 먹이는 절대로 놓치지 않았지요.

백악기의 공룡들
공룡이 가장 번성했던 시대

트리케라톱스
티라노사우루스만큼이나 인기가 많은 초식 공룡.
튼튼한 프릴과 세 개의 뿔이 특징이에요.

오르니토미무스
빠른 공룡 중 하나인 잡식 공룡.
날개가 있지만 하늘을
날지는 못했어요.

제3장 중생대 / 백악기

스피노사우루스

거대한 돛 모양의 가시 돌기, 길고 튼튼한 턱을 지닌 육식 공룡. 물속에서 가장 강한 사냥꾼이에요.

알베르토사우루스

티라노사우루스를 약간 작고 날씬하게 만든 듯한 육식 공룡. 주로 무리를 지어 사냥했어요.

안킬로사우루스

뼈로 된 갑옷으로 온몸을 감싼 초식 공룡. 몸이 단단해서 육식 공룡과 맞서 싸웠어요.

제4장
신생대

 신생대는 공룡이 멸종한 뒤에 새롭게 시작된 시대로, 6,600만 년 전부터 현재까지를 가리켜요. 인류를 포함한 포유류와 조류가 크게 번성한 시대이지요. 이 시대에는 포유류와 조류의 몸집이 커졌고, 조류 중에서 날지 못하고 걷기만 하는 종류도 나타났어요.
 신생대는 고제3기, 신제3기, 우리가 살아가는 현재를 포함한 제4기로 나뉘어요. 신생대 초기에는 기후가 따뜻했지만, 중반을 넘어

서자 추위가 시작되며 초원이 넓어졌어요. 포유류 중에는 초원에 살기 알맞도록 진화한 종도 있는데, 인간도 그중 하나였어요.

 제4기는 1만 년 전을 기준으로 잡아 이전을 플라이스토세, 이후를 홀로세라고 불러요. 플라이스토세에는 빙하기가 반복되었어요. 현재는 홀로세로, 빙하기가 지나 비교적 따뜻한 시대랍니다.

신생대

고제3기
(6,600만 년 전~2,303만 년 전)

　신생대는 고제3기, 신제3기, 제4기로 나뉘고, 고제3기는 다시 팔레오세, 에오세, 올리고세로 나뉘어요.

　고제3기에는 인도 대륙과 아프리카 대륙이 북쪽으로 이동해 유라시아 대륙과 충돌하기 시작했어요. 북미와 남미는 떨어져 있었고 호주와 남극은 상당히 가까이 있었어요. 대륙의 위치가 지금과는 많이 달랐답니다.

　고제3기가 시작되었을 무렵에는 지금보다 따뜻했는데, 그 뒤로 더욱 따뜻해졌다가 추워졌어요. 팔레오세는 공룡이 멸종한 지 얼마 지나지 않은 시기로, 신생대의 주인공이었던 포유류는 당시 종류도 비교적 적고 몸집도 작았어요. 날씨는 서서히 따뜻해졌지요. 그 후 에오세가 시작되자 날씨가 더욱 따뜻해져서 남극에도 숲이 있을 정도였어요. 이 시기에는 포유류의 수가 빠르게 늘어났답니다.

암피키온 ◀
이빨의 모양은 늑대와 비슷하고, 몸은 곰과 비슷한 육식 포유류예요.
시간이 흐르면서 몸집이 점점 더 커졌답니다.

제4장 신생대 / 고제3기

기후 변화로
멸종과 진화를 반복한 시대

 하지만 에오세가 끝나 갈 무렵에는 날씨가 다시 추워지면서 호주와 떨어져 있는 남극이 얼음으로 뒤덮이기 시작했어요. 그 결과, 그때까지 번성했던 동물들이 많이 멸종되었지요. 그 뒤로 멸종된 동물의 빈자리를 메우듯 새로운 종이 속속 등장하기 시작했어요.

몸은 곰을,
이빨은 늑대를 닮은 포유류

바깥귀가 없어서 땅에서는 소리를 듣지 못했어요.

물과 땅을 오간 고래?
암불로케투스

고래의 조상은 땅에서 생활했다고 해요. 그 사실을 뒷받침하는 대표적인 동물이 늑대를 닮은 파키케투스예요. 그리고 파키케투스보다 더 진화한 동물이 바로 암불로케투스예요.

암불로케투스는 물속에서 오늘날의 고래와 마찬가지로 몸을 위아래로 움직이면서 헤엄쳤을 것으로 추정돼요. 또한 물과 땅을 오갔을 것으로 여겨졌는데, 최근 일본 나고야 대학교의 연구 팀이 갈비뼈를 토대로 진행한 연구에서 암불로케투스가 땅에서 걷지는 못하고 물속에서만 생활했을 거라고 발표해 논란이 일기도 했어요.

거대한 부리

육식동물인지 초식동물인지 논란이 있어요.

공룡이 멸종된 뒤 땅 위에서 가장 강했던 새
가스토르니스

 가스토르니스는 공룡이 멸종된 뒤 땅 위에서 가장 강했던 동물 중 하나예요. 가스토르니스는 먹잇감을 강한 다리로 짓누르고 거대한 부리로 뜯어 먹었어요. 키가 2m에 몸무게가 200kg이나 되었는데, 몸이 너무 무거워 하늘을 날지 못해 날개는 퇴화했지요.

 가스토르니스는 한때 거대한 부리와 튼튼한 목뼈 때문에 육식성 조류로 알려져 있었어요. 하지만 한 연구에서 가스트로니스의 뼈 화석에 있는 칼슘 함량을 분석한 결과, 초식동물에 가까웠을 것으로 여겨져요. 초식동물은 육식동물에 비해 칼슘을 섭취할 기회가 적어 뼈의 칼슘 함량이 낮아요.

제4장 신생대 / 고제3기

먹잇감을 물어뜯는 거대한 부리

퇴화한 날개

강하고 두툼한 다리

가스토르니스
Gastornis

분류 조류 가스토르니스과
크기 2m
발견지/서식지 유럽, 북미
서식 환경 땅 위
이름의 뜻 화석 발견자 '가스통(Gaston)'의 새

코뿔소를 닮은
아르시노이테리움

 코 위에 있는 커다란 뿔 2개가 눈에 잘 띄어서 뿔이 2개라고 보기 쉽지만, 자세히 보면 뿔이 4개예요. 큰 뿔 뒤에 작은 뿔이 2개 더 있거든요. 이 뿔들은 뼈가 자라서 생긴 것으로, 뿔 주변은 피부로 덮여 있어요.
 코뿔소처럼 생겼지만 코뿔소의 친척은 아니에요. 코끼리나 듀공, 바위너구리에 더 가까운 동물이지요. 커다란 어금니가 있었던 이 초식동물은 주로 단단한 식물을 먹었어요. 숲이나 늪지처럼 따뜻하고 습한 곳에서 살았다고 해요.

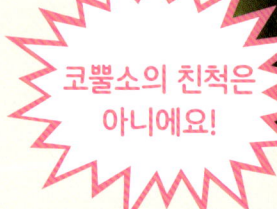

코뿔소의 친척은 아니에요!

역사상 가장 컸던 뱀
티타노보아

 몸길이가 13m나 되는 티타노보아는 역사상 가장 컸던 뱀이에요. 이 뱀이 몸을 휘감는다면 정말 끔찍할 거예요. 몸통의 가장 굵은 부분의 지름이 1m에 달하고 몸무게가 1톤을 넘었을 것으로 추측되어요.

 오늘날의 아나콘다와 보아의 조상이라고 할 수 있는데, 악어도 삼킬 수 있었다고 해요. 현재 살아 있는 뱀 가운데 가장 거대한 그린아나콘다는 길이가 최대 9m 정도로 아주 크지만 티타노보아보다는 작지요.

 티타노보아는 열대 우림 지역의 강가에 살았어요. 콜롬비아 라과히라주에 있는 탄광에서 화석이 발견되었지요.

티타노보아
Titanoboa

분류 파충류 보아과
크기 13m
발견지/서식지 남미의 열대 지역
서식 환경 물가
이름의 뜻 거대한 보아

제4장 신생대 / 고제3기

몸길이가 13m에 이르는 거대한 뱀

지름 1m의 몸통

무게는 1톤

악어도 집어삼켰어요.

신생대

신제3기
(2,303만 년 전~258만 8,000년 전)

　신제3기에 들어서면서 유라시아 대륙에 인도 대륙과 아프리카 대륙이 부딪히며 하나의 대륙이 되었어요. 북아메리카 대륙과 남아프리카 대륙도 이어졌지요. 유라시아 대륙에서는 히말라야산맥이 솟아올랐고, 기후도 크게 바뀌었어요. 일본 열도는 유라시아 대륙의 동쪽 끝에서 떨어져 나가기 시작했지요.

　신제3기의 전반은 마이오세라고 하고, 후반은 플라이오세라고 해요. 마이오세 후기에는 지구의 기온이 낮아지면서 남극뿐 아니라 북극에도 빙하가 생겼어요. 이로 인해 바다의 높이가 낮아지고, 날씨는 건조해졌어요. 또한, 세계 곳곳에 초원이 생겼지요. 이 시기에 이르러 전 세계적으로 평야와 산이 형성됐어요.

　마이오세에는 역사상 가장 큰 상어인 메갈로돈이 나타났고, 몸이 너무 커서 하늘을 날지 못한 조류 포루스라코스도 등장했어요.

　플라이오세는 북아메리카 대륙과 남아메리카 대륙이 이어진 시대예요. 그래서 동물들은 남쪽과 북쪽을 자유롭게 이동할 수 있었지요. 이 과정에서 탄생한 동물들이 오늘날에도 남아 있답니다.

오스테오돈토르니스 ◀
부리에 들쭉날쭉한 돌기가 있었는데, 이 돌기로 먹이를 꽉 물었다고 해요.

제4장 신생대 / 신제3기

대륙이 서로 부딪혀 지금과 같은 모습으로 변해 가던 시대

한편, 아메리카 대륙에는 칼이빨호랑이로 알려진 스밀로돈이 나타났고, 아프리카 대륙에는 초기 인류인 오스트랄로피테쿠스가 등장했답니다.

부리에 들쭉날쭉한 돌기가 난 새

가장 오래된 코끼리과
스테고테트라벨로돈

위턱에 2개

아래턱에 2개

위턱과 아래턱에 2개씩 난 상아

제4장 신생대 / 신제3기

스테고테트라벨로돈은 긴 상아가 위턱에 2개, 아래턱에 2개 해서 모두 4개 있었어요. 이 동물로부터 매머드나 오늘날의 아프리카코끼리, 아시아코끼리가 나왔을 거라고 해요. 많은 코끼리의 조상인 셈이지요.

이때에도 이미 오늘날의 코끼리와 비슷한 습성을 가지고 있었을 거예요. 과학자들은 아랍에미리트에서 발견된 발자국 화석을 통해 수컷이 오늘날의 코끼리처럼 다 자라면 무리에서 떨어져 나와 혼자 행동한다는 사실을 알아냈지요. 수컷의 발자국 화석이 260m나 이어졌답니다.

코끼리의 조상이에요.

스테고테트라벨로돈
Stegotetrabelodon

분류 포유류 코끼리과
크기 4~5m
발견지/서식지 아프리카, 유럽
서식 환경 땅
이름의 뜻 지붕에 있는 4개의 상아

역사상 가장 큰 상어
메갈로돈

　지금보다 날씨가 비교적 따뜻한 시기에 살았던 메갈로돈은 몸길이가 15m나 되었어요. 20m에 달하는 메갈로돈이 있었다는 주장도 있어요. 오늘날의 고래상어와 비슷한 크기였지요. 고래상어는 플랑크톤과 같은 작은 물고기를 먹었지만 메갈로돈은 주로 고래과의 포유류를 잡아먹었다고 해요.
　메갈로돈은 당시 바다 생태계의 최강자로, 삼각

15m의 몸길이

메갈로돈
Carcharocles megalodon

분류 연골어류 악상어목 오토두스과
크기 14.2~15.3m
발견지/서식지 세계 여러 곳
서식 환경 바다
이름의 뜻 거대한 이빨을 뜻하는 그리스어에서 유래

제4장 신생대 / 신제3기

형 모양의 이빨로 먹이의 숨통을 끊었을 것으로 추정되어요. 한편, 메갈로돈은 지구가 추워지자 적응하지 못하고 멸종한 것으로 여겨져요. 메갈로돈이 바닷속 최강자였던 시간은 그리 길지 않았을지도 몰라요.

고래과의 포유류를 잡아먹었어요.

톱니처럼 생긴 두꺼운 이빨

당시 바닷속에서 가장 강했던 상어

157

강력한 엄니를 가진 동물
마카이로두스

굵고 짧은 목

길게 발달한 엄니

사냥감의 목을 꿰뚫는 엄니

강력한 다리

마카이로두스는 굵고 짧은 목이 특징이에요. 큰 몸에 비해 머리는 작았다고 해요. 엄니가 칼날처럼 길고 날카롭게 자라서 칼이빨호랑이로 분류되기도 해요.

송곳니가 발달하여 생긴 엄니 주위에는 톱니 모양의 이빨이 있었어요. 수컷의 엄니는 암컷의 엄니보다 컸다고 해요. 아마 강한 다리로 사냥감을 짓누르고 목 근처의 부드러운 살을 이 엄니로 꿰뚫었을 거예요. 엄니는 마카이로두스의 가장 강력한 무기였어요. 마카이로두스는 사자처럼 무리를 지어 사냥했다고 해요.

꼬리가 짧았어요.

마카이로두스
Machairodus

분류 포유류 고양이과
크기 2m
발견지/서식지 북미, 유럽, 아시아, 아프리카
서식 환경 땅
이름의 뜻 굽은 칼처럼 생긴 이빨

초기의 인류

아르디피테쿠스

아르디피테쿠스는 가장 오래된 인류의 조상이라는 평가를 받아요. 오스트랄로피테쿠스가 가장 오래된 인류로 알려졌지만, 이미 그보다 약 100만 년 전에 아르디피테쿠스가 살았던 셈이지요.

오스트랄로피테쿠스는 초원에서 살았지만, 아르디피테쿠스는 숲에서 살았을 것으로 추정돼요. 아르디피테쿠스를 통해 인류가 원래 숲에서 살았을지도 모른다고 여겨졌어요. 이들은 사는 곳을 나무 위에서 땅으로, 숲에서 초원으로 옮긴 것으로 보여요. 최초로 발견된 이 인류에 아르디피테쿠스 라미두스라는 이름이 붙었기 때문에 '라미두스 원인'으로 불리기도 해요. 아르디피테쿠스는 두 발로 걸어 다녔을 것으로 추정돼요. 아르디피테쿠스를 인류의 조상으로 보는 가장 큰 특징이기도 하지요.

아르디피테쿠스
Ardipithecus

분류 영장류 인간과
크기 120cm
발견지/서식지 아프리카
서식 환경 땅
이름의 뜻 땅 위의 유인원

제4장 신생대 / 신제3기

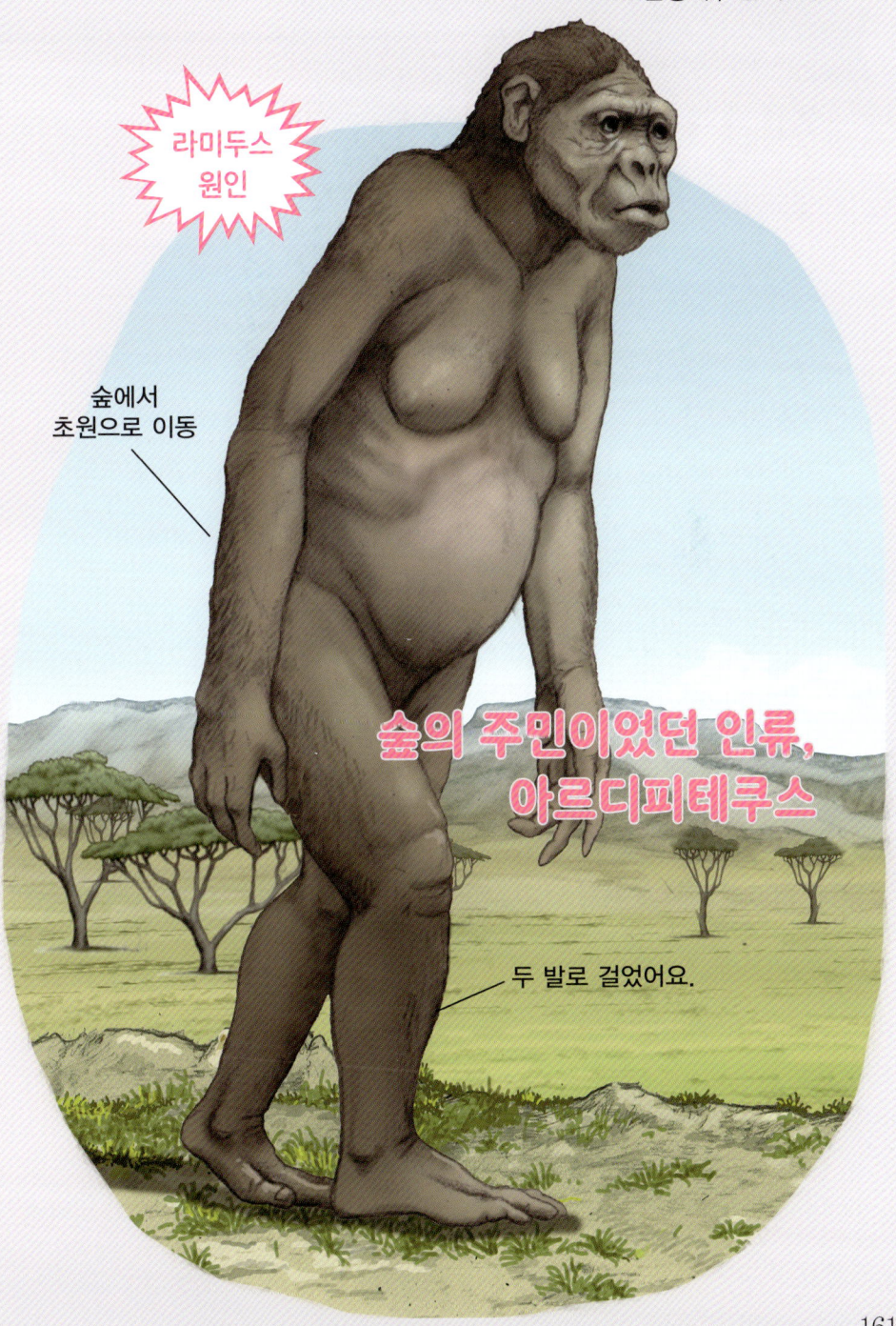

라미두스 원인

숲에서 초원으로 이동

숲의 주민이었던 인류, 아르디피테쿠스

두 발로 걸었어요.

신생대

제4기
(258만 8,000년 전~현대)

제4기는 현대까지 이어지는 시대로 플라이스토세와 홀로세로 나뉘어요. 제4기는 빙하시대이기도 해요. 플라이스토세에는 70만 년 전부터 10만 년마다 빙하가 늘어났다가 줄어들기를 반복했어요.

빙하가 늘어난 시기를 빙하기라고 하고, 기후가 비교적 따뜻해져서 빙하가 줄어든 시기를 간빙기라고 해요. 빙하기와 빙하기 사이에 있는 시기라는 뜻에서 간빙기라고 하지요.

북반구와 남반구의 극지방에 있는 커다란 빙하는 지구를 차갑게 만들어요. 오늘날 지구가 점점 더워지는 지구 온난화가 문제되지만, 지구 역사의 큰 흐름에서 보면 지금은 추운 편에 속한답니다.

빙하기에는 물이 얼어붙으면서 바다 높이가 낮아져서 땅이 이어지는 곳이 많아졌어요. 그래서 동물들의 이동도 활발해졌지요. 플라이스토세 말기에는 북아메리카 대륙과 아시아 대륙이 이어져 인간도 동물을 쫓아 이동했어요. 이 시기에는 매머드 같은 큰 포유류가 살았지만, 지금은 멸종했답니다.

시리아 낙타 ◀
약 10만 년 전에 살았다고 전해지는 거대한 낙타예요.
매머드와 마찬가지로 사람이 사냥했던 동물일지도 몰라요.

제4장 신생대 / 제4기

현재는 빙하기와 빙하기 사이의 간빙기

현재는 홀로세에 해당해요. 약 1만 년 전부터 날씨가 따뜻해지면서 얼음이 녹아 바닷물의 표면이 높아졌어요. 홀로세에 들어서면서 북아메리카 대륙과 아시아 대륙이 떨어져 나가며 각 대륙이 오늘날과 같은 모습이 되었다고 해요.

키가 4m나 되었던 거대한 낙타

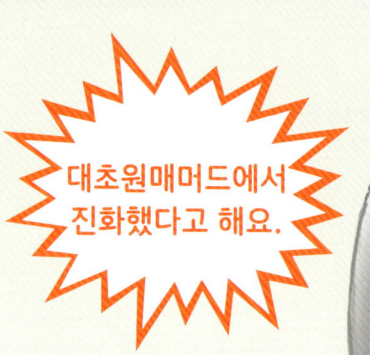

대초원매머드에서 진화했다고 해요.

길게 휜 상아

▲▲▲▲▲▲▲▲
길게 휜 상아
콜롬비아매머드

 매머드는 플라이오세 전기에 아프리카에서 나타나 플라이오세 후기에 유라시아로 옮겨간 것으로 추정돼요. 플라이스토세 후기에는 북미에 다다랐다고 하지요. 북미에 진출한 매머드가 바로 콜롬비아매머드예요. 이 매머드의 상아는 매우 길어 크게 휘어 있었어요. 당시 북미에는 황제매머드도 있었는데, 땅에서 어깨까지 높이가 4m 정도였고, 상아의 길이도 4m를 넘었어요. 길게 휜 상아와 4개의 어금니가 특징이었지요. 콜롬비아매머드와 황제매머드가 같은 종류라는 주장도 있었어요.

 콜롬비아매머드는 약 1만 년 전에 모습을 감추었어요. 기후 변화와 인간의 사냥 때문이었던 것으로 보여요.

제4장 신생대 / 제4기

10톤의 몸무게

콜롬비아매머드
Mammuthus colombi

분류 포유류 코끼리과
크기 4.8m
발견지/서식지 북미, 남미
서식 환경 땅

크게 휜 기다란 상아가 특징

커다란 뿔을 지닌 사슴
메갈로케로스

 뿔이 아주 커다란 메갈로케로스는 여러 종이 있었다고 해요. 가장 유명한 종은 유라시아 대륙 북부에 살았던 메갈로케로스 기간테우스예요. 매머드, 털코뿔소와 함께 빙하기를 대표하는 동물로 알려져 있지요.

 메갈로케로스는 풀이 많이 자라는 목초지나 탁 트인 숲에서 살았어요. 말코손바닥사슴의 조상도 커다란 뿔이 있었지만, 메갈로케로스의 친척은 아니에요. 구석기 시대의 동굴 벽화에도 그려져 있는 것을 보면 인간의 사냥감이었던 것 같아요.

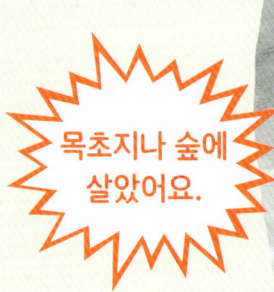

목초지나 숲에 살았어요.

메갈로케로스
Megaloceros

분류 포유류 사슴과
크기 3m
발견지/서식지 유럽 등
서식 환경 땅
이름의 뜻 커다란 뿔

메갈라니아
Varanus prisca

분류 포유류 왕도마뱀과
크기 5m
발견지/서식지 호주
서식 환경 땅
이름의 뜻 커다란 방랑자

가장 큰 도마뱀
메갈라니아

　지구에 나타났던 도마뱀 중 가장 큰 도마뱀이에요. 현재 생존하는 코모도왕도마뱀과 가까운 종이지만, 크기가 훨씬 컸어요. 호주에 같이 살던 유대류 동물을 잡아먹었다고 해요.
　메갈라니아는 호주에 사람이 건너간 뒤로 멸종되었어요. 멸종된 이유는 확실하게 밝혀지지 않았지만 환경 변화, 줄어든 먹잇감, 사람의 등장 때문이었던 것으로 추측되어요.

제4장 신생대 / 제4기

하스트독수리
Harpagornis moorei

- 분류 조류 매과
- 크기 날개를 펼친 길이가 3m
- 발견지/서식지 뉴질랜드
- 서식 환경 땅 위

모아를 잡아먹었을지도 몰라요!

거대한 육식성 조류
하스트독수리

 날개를 펼친 길이가 3m에 달했던, 역사상 가장 컸던 육식성 조류 중 하나예요. 수컷보다 암컷이 더 컸는데, 암컷의 몸무게는 10~15kg이었고, 수컷의 몸무게는 8~10kg이었다고 해요. 특히 위에서 덮치는 힘이 강했지요. 주요 먹이였던 커다란 새, 모아와 함께 뉴질랜드에서 살다 비슷한 시기에 멸종한 것으로 여겨져요.

덧붙이는 글

 이 책에서 소개한 특이하게 생긴 생물, 무서운 생물, 멋있는 생물 등을 보고 어떤 생각이 들었나요? 이 책이 지질 시대를 공부하는 데 도움이 되었나요?

 멸종한 고생물은 생김새도 크기도 아주 다양해요. 진화 과정에서 그 당시 환경에 알맞은 생김새와 크기로 변했기 때문이지요. 하지만 달라지는 환경 속에서 수많은 생물들이 멸종하기도 했어요. 특정한 환경에 이미 적응한 생물들이 새롭게 변한 환경 속에서 살아남기 힘들어졌기 때문이지요.

 한편, 새로운 환경에 적응해서 살아남은 생물 입장에서는 과거에 살았던 생물들이 이상하게 보이는 것이 당연해요. 하지만 그 생물들은 잘못된 존재도, 실패한 존재도 아니에요. 화석이나 흔적이 남아

있다는 것은 당시 지구상에서 그 생물들이 가장 번성했다는 뜻이니까요. 또한 사람이 지구에서 살아온 시간보다 훨씬 오랫동안 존재했던 생물도 많지요.

 지금 지구는 빙하시대예요. 빙하시대 안에서도 간빙기여서 따뜻하지만, 그래도 지구의 길고 긴 역사 중에서는 상당히 시원한 편이지요. 우리는 지금 그런 시대에 살아가고 있답니다.

 만약 지구의 환경이 변한다면 우리는 과연 살아남을 수 있을까요? 어쩌면 우리도 수만 년이 지난 뒤에 아주 이상한 생물로 기억될지도 몰라요. 물론 그렇게 되지 않기를 바라지만, 아무도 확신할 수는 없지요. 과연 인류는 언제까지 살아남을 수 있을까요? 공룡처럼 수억 년 동안 살아남았으면 좋겠네요.

《그림으로 보는 고생물 도감》 편집부

찾아보기

[ㄱ]
가스토르니스 146

[ㄴ]
네오아사푸스 044

[ㄷ]
닥틸리오케라스 118
데이노수쿠스 134
둔클레오스테우스 064
디메트로돈 092
디플로도쿠스 125
디플로카울루스 096

[ㄹ]
레페노마무스 130
롱기스쿠아마 108
리드시크티스 120
리오플레우로돈 116
리카에놉스 100

[ㅁ]
마멘키사우루스 124
마카이로두스 158
메가네우라 082
메갈라니아 168
메갈로그랍투스 052
메갈로돈 156
메갈로케로스 166
메소사우루스 094

모사사우루스 132
미메타스테르 076
미크로딕티온 040
미크로브라키우스 066
밀로쿤밍기아 043

[ㅂ]
반드링가 086
브라키트라켈로판 125

[ㅅ]
사카밤바스피스 050
삼엽충 044
수페르사우루스 114
스테고사우루스 124
스테고테트라벨로돈 154
스파티케팔루스 078
스피노사우루스 139
시리아 낙타 162
시아노박테리아 025
시푸스아욱툼 028

[ㅇ]
아노말로카리스 030
아르디피테쿠스 160
아르시노이테리움 148
아르트로플레우라 080
아칸토스테가 074
안킬로사우루스 139
알랄코메나이우스 042

알베르토사우루스 139
암불로케투스 144
암피키온 142
에르베노킬레 070
에리바스피스 072
에오랍토르 104
오르니토미무스 138
오스테오돈토르니스 152
오파비니아 034
오파콜루스 058
요르기아 020
이소로푸스 053
이소텔루스 048
이크티오르니스 137

[ㅈ]
쥬라마이아 122

[ㅋ]
카르니오디스쿠스 024
카메로케라스 046
캄브로파키코페 038
케라티테스 113
코틸로린쿠스 098
콜롬비아매머드 164
쿡소니아 054
크라시기리누스 084
크리올로포사우루스 125
크시팍티누스 136

클리마티우스 061
킴베렐라 018

[ㅌ]
타니스트로페우스 106
트리케라톱스 138
티라노사우루스 126
티타노보아 150
틱타알릭 062

[ㅍ]
팔라이오카리누스 068
프레온닥틸루스 112
프로벨로사우루스 101
프리오노수쿠스 090
프테로다우스트로 128
프테리고투스 056
프테리디니움 022
플라케리아스 110
플레볼레피스 060
피카이아 036

[ㅎ]
하스트독수리 169
할루키게니아 032
헬리안타스테르 077
힐로노무스 088

참고 문헌

《포퓰러디아 대도감 WONDA 고대 생물》, 포퓰러사(2014)
《학연 도감 LIVE 고생물》, 학연플러스(2017)
《쇼가쿠칸 도감 NEO 옛날 옛적의 생물》, 쇼가쿠칸(2019)
《할로키케니탄의 고생물학 입문 고생대편》, 쓰키지쇼칸(2016)
《놀라운 공룡 도감》, 다카라지마샤(2018)
《더 놀라운 공룡 도감》, 다카라지마샤(2019)
《놀라운 멸종 생물 도감》, 다카라지마샤(2019)
《지질의 기본》, 세분도신코샤(2018)

사이트

고세계의 주민/가와사키 사토시 일러스트집
Wikipedia

일러스트
가와사키 사토시
1973년 오사카에서 태어났어요. 고생물과 공룡을 사랑하는 고생물 연구가예요. 2001년 취미로 그린 생물 일러스트레이션을 시대·지역별로 게시한 웹사이트 '고세계의 주민'을 개설한 후 당장이라도 살아 움직일 것만 같은 고생물 일러스트레이션으로 인기를 한몸에 모았어요. 현재 고생물 일러스트레이터로도 활약 중이에요. 주요 저서는 『이유가 있어 진화했습니다』, 『멸종한 기묘한 동물들』, 『멸종한 기묘한 동물들 2』 등이 있어요.

감수
일본 지질학회
지질학의 발전과 보급을 목표로 1893년에 창립됐어요. 대학, 대학원생, 교사, 교수, 연구기관처럼 지질학을 공부하고 있는 사람이나 연구하는 사람들이 약 3,800명이 소속한 단체예요. 지구와 관련된 일본의 여러 과학협회 중 최대규모의 학회랍니다.

협력
고미야 쓰요시(도쿄대학)
이소자키 유키오(도쿄대학)
안도 히사오(이바라키대학)
다카쿠와 유지(군마현립 자연사박물관)
다나카 겐고(가나자와대학)
스즈키 유타로(시즈오카대학)
시바타 마사테루(후쿠이현립 공룡박물관)

번역가
이민연
일본 루테르학원대학을 졸업하고 전문 번역가로 활동하고 있습니다. 옮긴 책으로는 《366일! 해피 데이 생일점》, 《왜 그럴까? 궁금해! 알쏭달쏭 과학 상식 100》, 《공상 과학 탐험대》, 《함께 읽어요 세계의 명작 동화》, 《친구가 뭐라고》, 《바쁜데도 여유 있는 살림 아이디어》, 《Design Thinking》, 《생선 요리의 과학》, 《고치는 순간 일이 풀리는 업무의 문제 지도》, 《일본회의의 정체》, 《셰일가스 혁명》(공역), 《아들러와 프로이트의 대결》 등이 있습니다.

고생물 도감

2022년 7월 10일 1판 1쇄 발행

펴낸이 문제천 | **펴낸곳** ㈜은하수미디어
편집진행 문미라 | **편집** 옥수진, 임소현, 방기은
디자인 김지수, 권은애 | **제작책임** 이남수
주소 서울시 송파구 송이로32길 18, 405 (문정동, 4층)
대표전화 (02)449-2701 | **팩스** (02)404-8768 | **편집부** (02)3402-1386
출판등록 제22-590호(2000. 7. 10.)
ⓒ2022, Eunhasoo Media Publishing Co., Ltd.

YABASUGI! KOSEIBUTSU ZUKAN
by The Geological Society of Japan
Copyright ⓒ 2019 by The Geological Society of Japan
Illustration copyright ⓒ Satoshi Kawasaki
Original Japanese edition published by Takarajimasha, Inc.
Korean translation rights arranged with Takarajimasha, Inc.
Through JM Contents Agency Co., Korea.
Korean translation rights ⓒ 2022 by Eunhasoo Media Publishing Co., Ltd.

이 책의 저작권은 ㈜은하수미디어에 있으므로 무단 전재 및 무단 복제를 금합니다.

주의! 종이가 날카로워 손을 베일 수 있으므로 주의하십시오.
파본은 구입처에서 교환해 드립니다. 사용 중 발생한 파손은 교환 대상에 해당되지 않습니다.